「イクメン」を疑え

関口洋平
Sekiguchi Yohei

a pilot of wisdom

目次

図版作成／MOTHER

はじめに

2020年の春、新型コロナウイルスの感染拡大を受けて最初の緊急事態宣言が出されていたときの話である。我が家ではふたりの子どもを世話しながら、リモートで仕事をすることになった。夫婦で交代して子どもをみながらフレキシブルに仕事を進められるとよいのではないか、あわよくば学校で学べないようなことも教えたい――そんな目論見《もくろみ》が甘かったことを思い知らされるまでに、そう時間はかからなかった。

子どもがふたりいると、ほとんど自然に揉《も》めごとが起きる。そして、それを仲裁するのか、放置するのか考えるだけでもいちいち集中力が削《そ》がれる。子どもたちが外に出て遊びたくても滅多にタイミングが合わず、彼らのフラストレーションはたまるばかり。昼の休憩中には妻と一緒に4人分の食事を手際よく作り、食べさせ、後片付けをしなければいけない。昼寝する子どもと一緒に寝落ちしてしまったことが何度あっただろうか？

結局、こちらが仕事に集中したければ、動画配信サービスで子どもにアニメや映画を見せておくらいしか選択肢がない。こんなことを育児と呼んでよいのだろうか、そうぼんやり考えながらも毎日を乗り切るだけで精一杯だった。子どもと過ごした時間はかけがえのないものだったけれど、緊急事態宣言が終わったときには正直安堵《あんど》した。

私はつねづね、「イクメン」という言葉に違和感を持っていた。[*1] この言葉に込められた「育児をする男性は格好良い」という軽いニュアンスが、どうにも好きになれなかった。けれども、その言葉の何が本当に問題であるかをはっきり言語化できたのは、このときだったのかもしれない。

育児はひとりでは完結しない。[*2] 私の場合、自分の子どもたちがすくすくと成長しているのはまず妻の献身的な努力によるところが大きいし、子どもたちの祖父母にも折に触れて助けられている。保育園・小学校・学童保育などで働く方々は、もしかしたら私たち夫婦よりも多くの時間を子どもと共有しているかもしれない。多かれ少なかれ、子どもはこのような諸々《もろもろ》のネットワークのなかで育まれるものであろう。

ところが「イクメン」という言葉を使うとき、そのようなケアのネットワークは後景に退き、父親と子どもという限定された関係性のみが切り取られてしまう。要するに、「イクメン」という言葉の背後には、「父親が育児に参加すれば問題は解決する」という単純化された思想が見え隠れしていないだろうか？

私は「男性は育児をしなくてよい」と主張しているわけではない。そうではなくて、「男性が育児をするだけでは不十分である」というのが本書の提起する論点のひとつである。母親に比べて父親が育児を担う割合が大幅に少ないという日本の現状に鑑みれば、「イクメン」という言葉にはある種の存在意義があったかもしれない。けれども、いつまでもその言葉に固執していると、見えなくなるものがあるのではないだろうか？

私は近年、育児に携わる男性がアメリカの文化のなかでどのように表象されているのかを研究してきた。本書のなかで詳しく論じるが、たとえば映画『クレイマー、クレイマー』から『マリッジ・ストーリー』に至るまで、仕事と育児を両立させる父親をテーマにした作品は意外なほど多く存在している。

その一方で、アメリカという社会が育児に携わる人々を公的に支援してきたとは言い難い。何しろ、有給の産休・育休制度が存在しない先進国はアメリカだけなのだ。アメリカでは育児と仕事を完璧に両立させる父親たちがメディアを賑《にぎ》わしている一方で、育児を支援する体制が整備されていない。一見すると、以上の二点は矛盾しているように思われる。

だが、ここで問題の立て方を変えてみてはどうだろう。すなわち、アメリカという国家において育児を支援する体制が整備されていない背景の一部には、偏った「理想の父親像」を生産し続ける文化があるのではないだろうか？　育児をする男性が「どれだけ」表象されるかというのも確かに大きな問題であるが、より重要なのは彼らが「どのように」表象されるかという点である。

「イクメン」という言葉はある種の偏見を助長する可能性をはらんでいる。したがって、本書では「イクメン」という言葉を限定的に使用する。

本書のなかで「イクメン」という言葉が使われるとき、それは主に文化において表象されるある特定の父親像を指し示している。私がこの言葉を使用するのは、「イクメン」という言葉が含有する価値観――育児をする父親は格好良い、父親が育児に参加すれば問題はすべて解決するなど――をこれらの（フィクションとしての）父親像が反映している限りにおいてである。そのようなニュアンスを抜きにして単に「子育てをする父親」について言及するときは、「育児を担う父親」、「子どもを育てる父親」といった類いの表現を用いる。

育児と仕事を両立させる「イクメン」的な父親がアメリカ文化のなかに現れ始めたのは、1970年代後半のことである。これは日本の場合よりも、かなり早い。それにもかかわらず、日米における「理想の父親像」には重要な共通点がある。一言でいえば、それは、育児が「格好良い」こととして、ひいてはライフスタイルの「選択」の問題として理解されることである。この言説のなかでは仕事と家庭を柔軟に両立させる父親が称賛される一方、それができない父親は「イクメン」というライフスタイルをあえて「選択」しなかったのだとみなされて非難される。育児に携わる父親は革新的で格好良い——日米の「理想の父親像」に共通したそのようなメッセージは、育児における個々の父親の「自己責任」を強調し、父親間の経済的な格差を隠蔽するばかりか、ケアのネットワークとしての育児を変質させてしまう。

以上のような事情をふまえて、本書ではアメリカの文化を分析する際も、必要に応じて「イクメン」という言葉を使用する。「イクメン」という言葉に見え隠れするジェンダー観は、日本とアメリカに共通するものであり、そのジェンダー観は新自由主義的な文化や政治経済のなかで形成されてきた——そんなことを、本書では議論していきたい。

社会学的な視点から「イクメン」について分析した論考は多いが、その文化的イメージを論じた研究は稀《まれ》である。[*3] 本書では日米の歴史的な背景と照らし合わせつつ、映画、文学、雑誌、単行本などさまざまなジャンルにおける「イクメン」の表象を読者の皆さんと一緒に読み解いてみたい。[*4]

「イクメン」という文化的なイメージを俯瞰《ふかん》すると、どのようなパターンが浮かび上がってくるだろうか？ 「イクメン」という言説はどのような歴史的背景のもとで誕生し、どのように変化していったのだろうか？ 日米における「イクメン」の文化的な表象には、どのような相違点があるのだろうか？ 「イクメン」の言説から不可視化されているものは何だろうか、そしてそれを可視化したときに世界はどんな風に変わって見えるだろうか？

第一章　日本の父親は遅れている?
日英版『FQ』を比較する

　初対面の人に「アメリカ文化のなかで、育児をする父親がどんな風に描かれているか研究しているんです」と言うと、よくこんな反応が返ってくる——「ああ、『クレイマー、クレイマー』ですか（あるいは『フルハウス』）。あれってかなり前の映画でしたよね。やっぱり男女平等に関しては、アメリカに比べると、日本はずいぶん遅れてますね」。『クレイマー、クレイマー』が日本で公開されたのは1980年。そして、父親の子育てをテーマにした日本映画が近年まであまり存在しなかったことも事実である。しかし、だからといってアメリカではジェンダー平等が「進んでいる」ということになるのだろうか?

　ことジェンダーに関する限り、日本社会は遅れている——そんな決まり文句を、本書では再検討してみたい。ただしもちろん、「日本においてジェンダー平等はすでに達成されている」

と主張したいわけではない。内閣府の資料によれば、2016年の調査では6歳未満の子どもを持つ男性が行っている家事・育児関連時間は一日平均で83分。女性は平均で454分だというから、およそ5倍以上の差があることになる。[*1]

この数字ひとつをとっても、ジェンダー平等という意味で日本社会に課題が山積しているのは明らかだ。それらの問題が深刻で、早急な改善が必要であることは間違いない。では、「日本社会は遅れている」という決まり文句の何が問題なのだろうか？

「日本社会は遅れている」という考え方のなかには、「(それに比べて) 欧米社会は進んでいる」という前提が暗に含まれている。たとえば、近年よくメディアで用いられる指標に「ジェンダーギャップ指数」というものがある。世界経済フォーラムが発表した *Global Gender Gap Report 2022* によれば、日本はなんと146か国中116位。この数字は確かにショッキングだし、ジェンダー問題の解決が急務であることを示すためには効果的である。

その一方で、このランキングには一種の危うさも付随している。ジェンダーに限らず多くの社会問題は、単純に数字に還元できるものではない。そしてより重要なことに、このような指標からは、「ジェンダー後進国」が、「ジェンダー先進国」の政策や文化に学び、諸問題を解決していくべきであるという進化主義的かつ西欧中心的な理解が生じてしまう。

たとえば、アフガニスタン紛争においてタリバンに抑圧された女性たちが、アメリカによって「解放」されたのだと信じることはたやすい。ところが、アメリカは「進んで」いてアフガニスタンは「遅れて」いるという直線的な価値観を疑わない限り、なぜその「ジェンダー先進国」であるアメリカにおいて女性が中絶をする権利が奪われつつあるのかを理解することはできないはずだ。もちろん、アメリカ国内のジェンダーに関する欺瞞《ぎまん》が、タリバンの人権侵害を正当化する要因になってよいはずはない。だが、このように問うことは可能であるはずだ——アメリカは、本当に、アフガニスタンの女性を「解放」してきたのだろうか？[*2] ジェンダーという観点から見て、アメリカは世界の「モデル」となりうるような国家であるのだろうか？

本書では、以上のような問題意識のなかで、日米の社会や文化における父親を比較していきたい。母親ばかりが育児の重荷を背負わされている現状に鑑みれば、「日本の父親は遅れている」と言いたくなる気持ちもとてもよくわかる。けれどもここではその言葉をグッと飲み込んで、日本だけでなくアメリカの社会や文化におけるジェンダーをも批判的に分析してみたい。アメリカは本当に、「ジェンダー先進国」なのだろうか？

その手始めとして、本章では『ＦＱ（Fathers' Quarterly）』という父親雑誌の日本版とイギリス版を比較する。後ほど詳述するが、イギリス版『ＦＱ』はハリウッドの有名俳優たちのインタビュー記事を頻繁に用いており、英米の文化を厳密に区別することなく、いわばグローバルな現象として「父親の育児」に焦点を当てている。したがって、イギリスの雑誌ではあっても、『FQ』は日米の社会や文化を比較する本書にさまざまな示唆を与えてくれるはずである。

『FQ』は「父親がカッコよくて、楽しいもの」であることを発信するために2003年に英国で創刊された。その日本版『FQ JAPAN』が誕生したのは、2006年である。[*3] 2000年代の日本では、他にも『日経Kids+』、『OCEANS』、『プレジデントファミリー』、『Men's LEE』といった父親向けの雑誌が次々に創刊されている。従来の育児に関する雑誌が母親を主要な読者として想定していたのに対し、2000年代に生まれたこれらの雑誌は父親をターゲットとしていることが特徴である。[*4] ここでは日英それぞれの『FQ』を読み解きながら、欧米文化のなかの父親像やジェンダー観が日本にどのように輸入され、また改変されているかを論じたい。

イギリス版『FQ』——セクシーな母親と変わらない父親

イギリス版の『FQ』は現在もオンラインで定期的に刊行されている。ただし、現在のオンライン版が悪く言えば地味で簡素な（良く言えば落ち着いた）印象を与えるのに対し、創刊直後の２０００年代の雑誌は良くも悪くもセンセーショナルで人目を引くような作りになっている。オンライン化される前の『ＦＱ』は現在販売されておらず、日本では閲覧することが困難だが、ここでは運よく入手できた２００４年９月／10月号を中心に、その特徴を考察していきたい。

　まず目を引くのは、アンジェリーナ・ジョリーがこの号の表紙に起用されていることだ。父親に向けた雑誌なのだから男性が表紙を飾るほうが自然に思えるが（事実、『ＦＱ ＪＡＰＡＮ』において女性が単独で表紙を飾ったことは一度もない）、ここでは父親ではなく母親が雑誌の顔となっている。しかも、ただの母親ではない――彼女には、"Hollywood's Yummiest Mummy"（「ハリウッドで一番セクシーな母親」）というキャプションがつけられている。

『FQ』2004年9月/10月号
写真：著者提供

　この雑誌が父親をターゲットにしていることを考えると、ジョリーのインタビュー記事は興味深い――というのも、この記事が示す彼女の男性観は、非常に辛辣なのだ。

当時、彼女は2番目の夫のビリー・ボブ・ソーントンと離婚したばかりだった。記事によれば、離婚の原因となったのは、彼が良い父親でなかったことだという。彼女は2002年にカンボジアから養子を迎えたが、ソーントンは子育てに興味を持たず、バンド活動を優先した。そんな前夫から自由になったジョリーは、「自分の生活の中心は子育てであり、俳優としてのキャリアであり、国連の仕事であって、男性と関係を築くことに今は興味を持っていない」と断言している。*5

自分は経済的にも精神的にも自立した女性であり、男性の助けは必要としていない——世界中に貧しい子どもがたくさんいるのだから、自分で出産するよりもそういった子どもを養子に迎えたい——と明言するジョリーの記事を、父親たちはどんな思いで読んだのだろうか。

ところが、かくも厳しいメッセージが男性読者にどこまで伝わったのかは疑わしい。すでに述べたように、表紙のキャプションは「ハリウッドで一番セクシーな母親」であるのだし、インタビュー記事のなかでも"sexy"といった形容詞が繰り返し用いられている(インタビュー記事の見出しも"Sexy Mother"だ)。ジョリーがセクシーであるかどうかは、インタビューの内容とはあまり関係がないのだが、この雑誌は「セクシーな母親」がよほど好きなようだ。

その傾向は、雑誌の他の部分からも確認できる。ドイツのモデル、クラウディア・シファーが下着になったグラビアには“Supermodel Mum”という見出しがつけられており、彼女がふたり目の子どもを妊娠していることが伝えられている。[*6] また、“The A-Z of Advanced Sex”(「一味違ったセックスを学ぶ」)というタイトルの特集では、裸の男女の写真とともに、パートナーに性的な満足を与えるためのアドバイスが並んでいる。[*7] 父親雑誌にセックスの話題がそぐわないと言うつもりはないのだが、それがここまで大々的に取り上げられると、この雑誌が一般男性誌とどのように違うのかわからなくなってくる。

極めつきなのが、“20 Things You Should Have Done Before Becoming a Dad”(「父親になる前にすべきだった20のこと」)というタイトルの記事である。[*8] この記事中で列挙されているのは、たとえば「彼女に無断で2、3日外出する」、「アムステルダムやハンブルク(どちらの都市も「歓楽街」として有名)に友達と行って楽しむ」、「スーパーカーを買う」、「人妻と深い関係になる」といった項目である。ある意味、典型的な「男のロマンス」だと言えるだろう。

この記事のタイトルは「父親になる前にすべきだったこと」というものであるが、『FQ』が「父親の雑誌」をうたっている以上、これは「独身時代に戻って好き勝手やりたい」という父親の願望を反映したものだとも考えられる。要するに、この雑誌から読み取れるのは「結婚しても女性から束縛されず、自由でありたい」という父親たちの身勝手な願望である。時折はさまれる子ども用品の広告を例外として、この雑誌のなかで男性が育児をしている姿はほとんど描かれない。アンジェリーナ・ジョリーは、男性が父親になっても「変わらない」ことに愛想をつかしたからこそ、ひとりで子育てをしようと決意したのではなかったか？

同誌のインタビュー記事のなかで「子どもが生まれてもパブに通い続けるの？」と聞かれたラジオＤＪのクリスチアン・オコンネルは、こんな風に答えている。

「保育園のなかにパブをつくるよ」*9

『FQ JAPAN』――〝Dad〟から「イクメン」へ

イギリス版『ＦＱ』の特徴は、良くも悪くも、軽いノリであった。「父親のための雑誌」という「看板」自体は斬新なものであったが、その「中身」は「看板」に追いついていなかったように思われる。『ＦＱ』は従来の父親の性役割を問い直すというより、それを追認していた。

では、その日本版である『ＦＱ ＪＡＰＡＮ』において、父親の性役割はどのように表象されているのだろうか？

『ＦＱ ＪＡＰＡＮ』は、『ＦＱ』とライセンス契約を結んだアクセスインターナショナル社が刊行する雑誌であり、２００６年の創刊以来、年４回、それぞれ３・５万部が発行されている。

ショッピングセンターや産婦人科、小児科などではダイジェスト版がフリーマガジンとして配布されているから、目にしたことがあるという方もいらっしゃるはずだ。また、この雑誌は「イクフェス」や「ペアレンティングアワード」といった大規模なイベントも手掛けている。徐々に規模を縮小してオンライン版となったイギリス版と比べると、日本版『FQ』は国内のマーケットのなかで着実に読者を獲得してきたようである。

では、日本版とイギリス版の『FQ』は、どのように違うのだろうか。まず、日本版には性的な話題や女性のグラビアが少ない。母親に焦点を当てた記事でも、「セクシーな」という言葉が用いられることは稀である。これにはいくつかの要因が考えられる。ショッピングセンターなどの家族向け施設で配布できるようにという戦略的な判断があったのかもしれない。あるいは、「セクシーな母親」が日本の文化においては受け入れられにくいと考えたのかもしれない。いずれにしても、女性の身体的な側面が強調される傾向のあったイギリス版とは一線を画している。

また、(特に初期の)『FQ JAPAN』の特徴としては、英米の著名な男性を表紙に起用していることが挙げられる。創刊号の表紙は、ジョニー・デップ。その後も、ユアン・マクレガー、ブラッド・ピット、デイヴィッド・ベッカムといった面々が表紙を飾っている。

『FQ JAPAN』創刊号
（2006年12月1日発売）

これとあわせて目につくのが、〝Ｄａｄ〟という単語の多用である。たとえば創刊号の見出しを例にとってみると、「BE A COOL DAD 〝スタイリッシュに父親を楽しむ〟」、「『愛されＤＡＤ』研究」、「A DAD'S TRUE LOVE 自然体な子育てをするフランクＤＡＤ藤井フミヤ」、「〝ＤＡＤのセンスはバギーで差が出る！〟」などなど。

以上のふたつの特徴から容易に推測できるのは、初期の『ＦＱ ＪＡＰＡＮ』においては英米の父親が理想のモデルとなっていることである。たとえば、「BUGGY DAD STYLE SNAP ロンドンはＤＡＤ×バギーが当たり前！」という記事では、ベビーカーを押すロンドンの父親たちの写真とともに、「『バギーは母親が押す』というイメージは、どうやら日本だけのものなのかも」しれないと記されている。[*10] また、「愛されＤＡＤストーリー」という漫画では、リバプールへの単身赴任から帰ってきた父親（「パパじゃありまセーン！　ダッドと呼びなサーイ！」という台詞《せりふ》が印象的）が家事と育児に目覚め、妻を喜ばせる。[*11] 日本の父親は英米の父親に比べて「遅れて」いる――そんな決まり文句が、初期の『ＦＱ ＪＡＰＡＮ』からは透けて見えてくるようだ。

ところが、すでに論じたとおり、イギリス版『ＦＱ』のなかで取り上げられていたのは「進んでいる」とはとても思えない父親たちの姿であった。初期の『ＦＱ ＪＡＰＡＮ』における美化された英米の父親像は、現実を反映しているとは言い難い。

あるいは、初期の『ＦＱ ＪＡＰＡＮ』においてはイギリス版『ＦＱ』の軽いノリが引き継がれていると言うことも可能である。創刊号と第2号のキャッチフレーズ――「BE A COOL DAD 父親を楽しむ」、「THE DAD LIFE IS FUN!」――に共通しているのは、父親であることとは「楽しい」ことであるということだ。「イクメン」という言葉の「軽さ」についてはすでに指摘したが、初期の『ＦＱ ＪＡＰＡＮ』には同じ問題が通底しているように思われる。育児のポジティブな側面ばかりが強調されるとき、その大変さは見過ごされてしまう。育児が「ケア労働」でもあることが、隠蔽されてしまうのである。父親が育児の「楽しい」部分を担当している一方で、その「しんどい」部分を担っているのは誰なのだろう？

ところが、英米の父親を理想化し、育児の「楽しさ」を強調する編集方針を、『FQ JAPAN』は徐々に見直すようになる。象徴的なのは、英米のセレブが表紙に起用されることが徐々に減っていったことである。2015年半ばまでの35号のなかで日本人が表紙を飾ったのは、一度だけ。対して、その後2022年の65号までに日本人が表紙となったのは18回。[*12]

この変化の理由として考えられることは、いくつかある。実際的な問題としては、イギリス版『FQ』のオンライン化（また、それに付随した予算の削減）に伴って、知名度の高い著名人のインタビュー記事が減ったという事情があるかもしれない（初期の『FQ JAPAN』における海外の著名人のインタビュー記事は、『FQ』の記事を翻訳し、加筆したものだった）。

ただおそらく、より本質的な要因は、良い父親であることを公の場で積極的にアピールする著名人が日本において増えたことである。英米のセレブたちが父親雑誌の「顔」となる時代は終わり、「子育てをする父親」といえば、より身近な芸能人のことを思い浮かべられるような環境を、私たちは生きている。

今日の「理想の父親」ランキングで上位の常連であるタレント――杉浦太陽、つるの剛士《たけし》など――は、いわゆる「パパタレ」として認識されることも多い。そもそも「パパタレ」という単語が存在すること自体が、時代の変化を象徴しているとも考えられる。[*13]今日では、良い父親であることが、ひとつの「芸」として評価されうるのである。『FQ JAPAN』の「顔」が変化したのは、このような文化が日本社会に浸透したからだと言えないだろうか。
『FQ JAPAN』が変わったのは、表紙だけではない。その内容もまた、時間が経《た》つにつれて成熟していった。ひとつのわかりやすい変化は、雑誌の見出しから〝Dad〟という単語が徐々に減っていったことである。2007年には、〝Dad〟という言葉は一号につき平均して約8回使われていた。これが2010年になると平均1回となり、逆に「イクメン」という言葉が約5回使われている。2016-17年冬のある記事では、「UK流イクメン」という言葉が使われている。[*14]「イクメン」という言葉が日本に根づくにつれて、〝Dad〟という言葉は不要になっていったのだ。
「イクメン」が流行語大賞をとった2010年に『FQ JAPAN』は「イクメンの条件とは?」という特集を組んでいる。ここで興味深いのは、「『イクメン』という言葉が流行していますが、この現象をどのようにとらえていますか?」という問いに対して、複数の識者が批判的な観点から回答を寄せていることだ。[*15]
「自分の余暇を楽しむ対象として、盆栽やペットを育てる感覚で子育てしているようにも感じられます」、「メディアが流行《はや》らせているだけではないでしょうか? 僕の回りでは誰も使っていませんし。育児は大変なものです。その割には、軽くて安易な響きの言葉だと感じています」といった意見は、「イクメン」という言葉だけではなく、下手したら『ＦＱ ＪＡＰＡＮ』という雑誌のコンセプト自体を批判するような可能性をはらんでいる。逆に言えば、それでも読者は離れないという確信を編集部は持っていたのだろうし、そのような自己批判の姿勢こそが「新しい父親」には必要であるという判断があったのかもしれない。

「妻は仕事で、輝けるか!?」と題された２０１４年の特集では、子どもを持つ女性にとって働きにくい環境を改善するために父親たちは何をするべきかが論じられている。[*16]「育児休暇について は夫婦で話し合い、自分は職場で初めて男性の育児休暇を取りました。１歳になる前の１ヶ月間と、短い期間でしたが、女性の大変さや、育児の重要性に気付かされた毎日でした」といった意見を読むと、育児がケア労働でもあることがよくわかる。初期の『ＦＱ ＪＡＰＡＮ』において育児のポジティブな側面ばかりが注目を集めていたことを考えると、ずいぶんと大きな違いが感じられないだろうか。「父親が楽しければよい」という独りよがりの姿勢は、ここには見られないのだ。

イギリス版と日本版の『ＦＱ』を比較したときに浮かび上がってくるのは、「ジェンダー先進国」と「後進国」という枠組みには必ずしも当てはまらない、複雑な文化受容のプロセスである。そもそも、イギリス版の『FQ』がジェンダーの観点から見て「進んでいる」わけでは決してなかった。初期の『FQ JAPAN』はそんなイギリス版の楽天的で独りよがりな姿勢を再現しつつ、「英米の父親は進んでいる」という幻想を日本の読者に提示した。ところが、『FQ JAPAN』は徐々に日本独自の路線を打ち出し、初期のイギリス版に見られたような無責任ともいえる父親像を批判したのである。

したがって、こと『FQ』に関する限り、日本版はイギリス版に「追いついた」わけではない。日本版はイギリス版をある程度模倣しつつも、日本国内の（＝ローカルな）課題に照準を合わせ、細かい微調整を繰り返しながら、より洗練された内容を読者に提供してきたのだ。「日本はジェンダー問題で遅れているから、欧米に追いつかなければいけない」――我々の社会の現状に鑑みると、そのような呼びかけには頷《うなず》ける点も確かにある。けれども、そこでなんとなく「モデル」となる欧米の社会の現実は、より注意深く吟味される必要があるはずだ（そもそも、そのような言説のなかでしばしば用いられる「欧米」という言葉にも注意が必要である。たとえば、育児支援に関する限り、アメリカとスウェーデンの政策に共通点は少ない）。

本章では「ジェンダー先進国vs.後進国」という構図の問題点を主に論じてきたが、日米（あるいは日英）それぞれの文化を生み出す土壌となった社会的な背景に関しては詳しく検討しなかった。以下の二章では、アメリカと日本、それぞれの社会における保育の歴史を概観し、日米それぞれの「イクメン」文化を理解するための補助線を引いておきたい（社会的な背景よりも「イクメン」文化そのものに興味があるという方は、第四章から先に読み進め、必要に応じて第二章と第三章の議論を参照していただければ幸いである）。

第二章　アメリカの保育史

私がハワイ大学に留学していたとき、ある男性の教授が昼過ぎに子どもをよく研究室に連れてきた。それほど小さな子ではなかったけれど、子どもの世話をしながら授業の準備に駆け回るその先生の姿は私にとっては新鮮だった。少なくとも、私が通っていた日本の大学ではそんな光景を目にしたことはなかった。

ハワイでは、そのような父親の姿をよく見かけた。平日の朝に子どもを連れて公園に行くと、多くの父親が子どもと一緒になって遊んでいた。観光業が大部分を占めるハワイの産業構造は少し特殊であり、この状況がどこまで一般化できるのかは微妙である。ただ、私がかつてこう感じたのは事実である——アメリカの父親は進んでいる。

そんな素朴な光景の裏側にあったものが、今では気になっている。アメリカの父親たちが（母親たちと同様に）育児に熱心であるというエピソードには事欠かない。その一方で、アメリカという国家がそんな父親たちを手厚くサポートしているとは言い難い。アメリカは有給の育休制度を（父親にも母親にも）保障していない唯一の先進国である。さらに、公的な資金援助が乏しいため、アメリカでは保育園の利用料は日本に比べると概して高額である。

父親たちが真剣に育児に取り組む一方で、子育てを公的に支援する制度は整備されていない。そのようなギャップがどうして生じるのだろうか？　「アメリカの父親が進んでいる」のだろうか、それとも「アメリカという国家が遅れている」のだろうか？

以上のような疑問を出発点として、本章と次章では日米における保育制度の違いやその変遷を概観する。本書の主要な目的は文化的なテクストにおける「理想の父親像」を検討することにあるが、そのためには社会的・歴史的なコンテクストのなかに彼らを位置づけることが不可欠である。

父親が積極的に育児をすることは確かに重要なのだが、育児は必ずしも家庭のなかで完結するものではない。「父親か、母親か」という二項対立的な枠組みを問い直し、家庭という領域を国家や社会との関係のなかで捉え直したとき、「アメリカの父親は進んでいる」という理解は、どのように変化するだろうか？

それを検討するための鍵となるのが、新自由主義という概念である。以下ではまず、新自由主義について簡潔に整理したい。

「自分自身の企業家」と「ウェルフェア・クイーン」

新自由主義とは1970年代以降の世界を席巻《せっけん》してきたイデオロギーであり、日本にも大きな影響を与えてきた。新自由主義とは、政策であり、経済思想であり、文化のひとつの様式でもある。あるいはそれは、理論でもあり実践でもある。

これらのどの局面に注目するかによって新自由主義の理解は微妙に変わってくるが、ここではまず、政治哲学者のウェンディ・ブラウンによる以下の定義を参照したうえで、新自由主義がどのような人間像をモデルとするのかを考えたい。

> 新自由主義は、あらゆる人間の活動域と活動とを、人間そのものとともに、経済の具体的なイメージに合わせて変形させるのだ。すべての行為は経済的行為となる。存在のあらゆる領域は、たとえ直接的に金銭化されていない領域であっても、経済の用語と評価基準によって表現され、測定される。*1

新自由主義的な世界においては、すべての個人が経済的なものさしによって測られることになる。ただ、これでは漠然としていてわかりにくいかもしれないので、もう少し具体的に説明してみたい。

新自由主義が規範化する主体は、ミシェル・フーコーの言葉を借りれば、「自分自身の企業家」である。[2] ここで「企業家」とは、単に新しいビジネスを立ち上げた経営者のことを指すわけではない。リスクを個人のレベルで引き受けながら、独創的なアイデアにより市場にイノベーションをもたらすことができる人間はすべて「企業家」である。そして「自分自身の企業家」とは、そのような企業家精神をビジネス以外の領域にも拡大し、経済的なものさしを常に意識しながら自分自身の価値を向上させようと努める人間のことである。

言い換えると、自分自身を一種の資本（＝「人的資本」）であるとみなし、その資本の価値を高めるために自己マネジメントを欠かさないのが「自分自身の企業家」だ。新自由主義的な世界のなかでは、労働と余暇の境界線が曖昧となる。すなわち、食事や服装、フィットネスといった日常的なライフスタイルまでもが人的資本の一部とみなされ、自己マネジメントの対象となる――典型的な自己啓発本が理想とする人間像を思い浮かべてもらうと、わかりやすいだろうか。[3]

新自由主義の申し子が「自分自身の企業家」であるとすれば、その対極的な存在として位置づけられてきたのは「ウェルフェア・クイーン」である。「ウェルフェア・クイーン」とは福祉費を不正に受給する黒人のシングル・マザーを指す蔑称であり、新自由主義改革の立役者となったロナルド・レーガン大統領が好んで用いた言葉である。ただし、「自分自身の企業家」という理想を体現した人物が現実にはあまり存在しないのと同様に、「ウェルフェア・クイーン」というのもステレオタイプ化された虚構のイメージである。福祉費を不正に受給する黒人のシングル・マザーが現実に存在しないわけではないが、福祉費受給者の大半がそういった人間であるわけではない。

ここで、「自分自身の企業家」と「ウェルフェア・クイーン」の図式的な違いを整理してみよう。前者が個人としてリスクを引き受ける一方で、後者は自立できずに政府に寄生している。また、前者が自己マネジメントの成功を象徴しているとすれば、後者はその失敗を体現している。女性がひとりで子どもを育てるというライフスタイルは、経済的な観点から間違った（すなわち、「コスパ」の悪い）「選択」であるとみなされるのである。

したがって、「ウェルフェア・クイーン」は、国家の財政に負担をかける「お荷物」としてスティグマ化される。このようなロジックのなかでは、たとえ離婚の原因がＤＶであったとしても、福祉費を受給する女性へのスティグマが消えることはない[*4]（「すべての行為は経済的行為となる」）。

新自由主義は市場経済における万人の自由を前提としているが、そのような世界においては誰もが自由であるわけではない。経済成長を促進しうる「自分自身の企業家」が賛美される一方で、自己責任の名の下に「ウェルフェア・クイーン」は断罪され、厳しく監視されるのだ。つまり、新自由主義は、社会の「お荷物」になる人々を可視化するテクノロジーであるとも言える。

「小さな政府」と民営化

では、新自由主義は政策としてはどのような形をとるのだろうか？　レーガンが１９８１年の大統領就任演説で「政府というのは私たちの問題に対する解決策ではない――政府こそが問題なのだ」と述べたことはよく知られている。[*5]政府予算の肥大こそが問題なのだというこのキャッチフレーズが示すように、新自由主義は「小さな政府」という市場原理主義的な理想を掲げることでその求心力を高めてきた。[*6]

新自由主義が標榜《ひょうぼう》する「小さな政府」は、「大きな政府」すなわち福祉国家を仮想敵にしている。福祉国家とは20世紀初めから中ごろにかけて欧米諸国で発展した政治経済システムであり、高い経済成長率を背景にした手厚い社会保障に特徴がある。このような福祉国家を解体し、減税により経済競争力を高めるというのが新自由主義的な政策の志向する方向性だ。

福祉国家を解体するための手段として用いられるのは、規制緩和や民営化といった構造改革である。日本ではたとえば「小泉改革」を思い出してもらえればよいのだが、公的な予算によって運営してきた事業や施設を民間の業者に委託し、市場における選択と競争を促しつつコストを削減するわけだ。

新自由主義的な世界においては、それまで市場の領域から隔離されてきたものが「売り物」となり、競争の原理にさらされる。本章と次章のなかでひとつの重要な論点となるのは、子どもの保育を市場の原理に委ねてよいのかという問いである。子育てにはどの程度まで公的な支援が必要なのだろうか？　保育施設を民営化することによって、どのような問題が生じるのだろうか？

ここで簡単な見取り図を先に提示しておくと、アメリカでは子育てがほとんど自己責任であるのに対して、日本では育児に対する公的援助が比較的充実している。ただし、アメリカで1

図1　東京都内で定期的に利用されている教育・保育サービスの種類（複数回答）

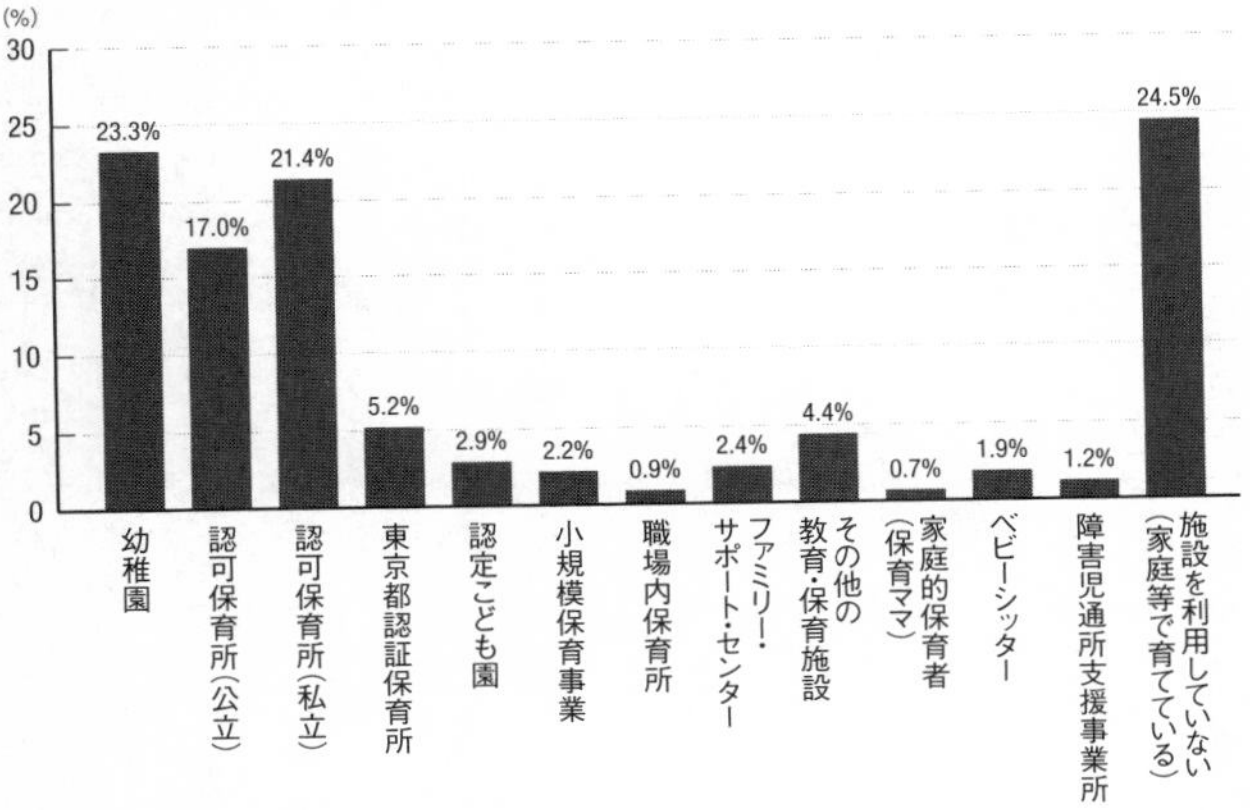

東京都福祉保健局「東京都保育ニーズ実態調査結果報告書」（平成30年5月）より

970年代以降に採用されてきた新自由主義的な保育政策は、日本でも徐々にその影響力を増している。

以下ではその内容を具体的に説明していくが、アメリカの保育制度に馴染《なじ》みがあるという読者は多くないだろうから、まずはアメリカと日本の保育制度の違いを説明したい。

アメリカにおける保育の現状

子どもが生まれたあと、両親がともに仕事に復帰したければ、どのような選択肢があるだろうか？　もしあなたが日本に住んでいるのであれば、まずは役所に行って認可保育所が利用できるか調べる

図2　アメリカにおける保育ケアの種類
（5歳以下の子どもがいて母親が働いている家庭）

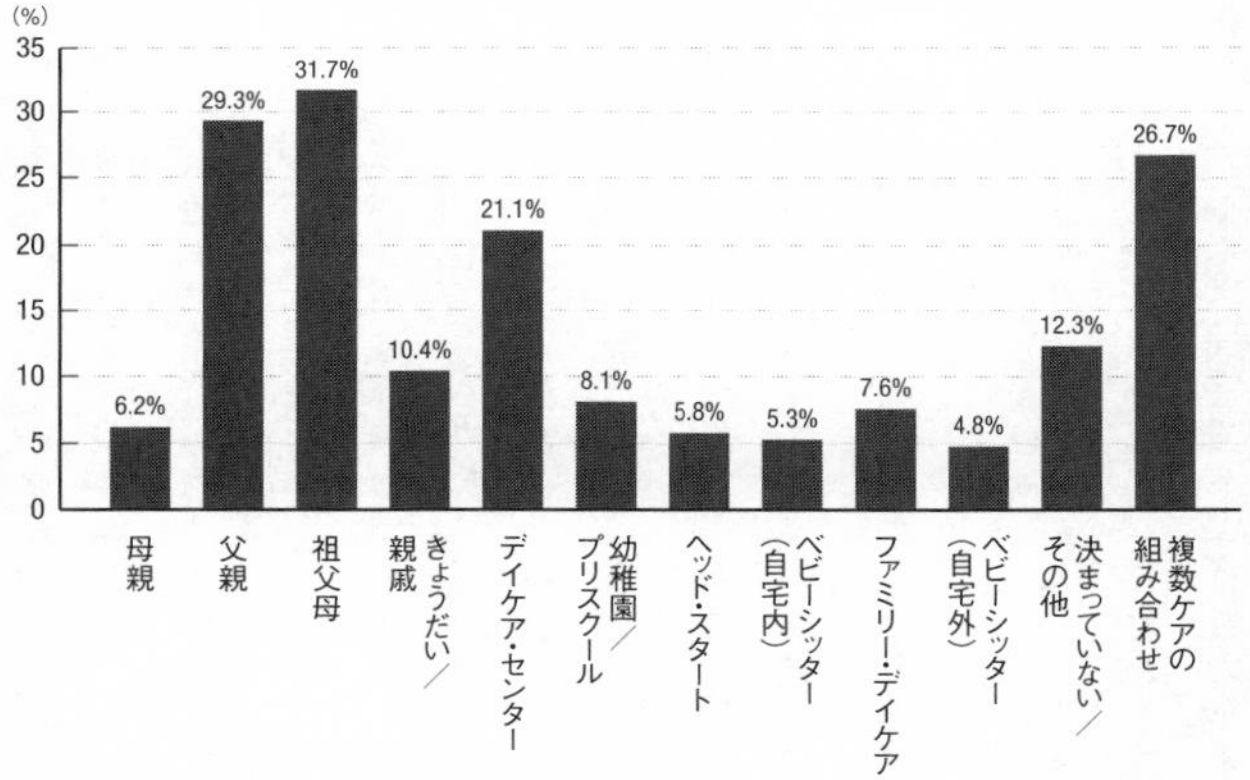

Lynda Laughlin, *Who's Minding the Kids? Child Care Arrangements: Spring 2011* (Washington DC, U.S. Census Bureau, 2013) より

のがよいだろう。運悪くあなたの自治体に待機児童が多ければ、多少高額になるかもしれないが、認可外保育所の利用も考えられる（図1）。

２歳以上になれば幼稚園も選択肢に入ってくる。両親に預けるという人もいるかもしれないし、ベビーホテルやファミリーサポート、ベビーシッターといった選択肢も近年は増えてきているが、いわゆる「保育園」、「幼稚園」以外の施設を利用する人は日本では比較的少数であると言ってよいだろう。

ところが、アメリカの事情は大きく異なる。２０１１年の統計を見てみよう（図２）。５歳以下の子どもがおり、母親が働いている家庭においてデイケア・センター（保育園）を利用しているのは21・1％にすぎない。母親が働いている間に父親が子どもの世話をしている家庭は29・3％。祖父母に子どもを預けている家庭が31・7％あり、きょうだいや親戚に預けている家庭も10・4％ある。

幼稚園（プリスクール）を利用している家庭が8・1％、ヘッド・スタートという貧困者向けのプログラムを利用している家庭が5・8％。さらにファミリー・デイケアと呼ばれる非認可の家庭的小規模保育（通常は子ども4人から6人くらいまで）を利用しているのが7・6％、そして自宅の内外でベビーシッターやナニー（住み込みのベビーシッター）などの保育者に育児を委ねているのが10・1％。そして26・7％の家庭がこれらの選択肢を組み合わせている。[*7]

日米の状況を比較すると、アメリカのほうが保育に関する選択肢が多いのは一目瞭然である。しかし、保育の多様性はアメリカの家庭に恩恵を与えているのだろうか？　答えはイエス・アンド・ノーである。なぜなら、保育に関する「選択」は、すべての家庭に等しく与えられているわけではないからだ。

住んでいる地域や子どもの年齢によっても話は変わってくるが、比較的裕福な家庭は、デイケア・センターを使用することができるかもしれない。日本の保育園と違いアメリカのデイケア・センターの多くは民営で、保育料の全米平均はなんと年額で1万336ドル。[*8]多くの州では、州立大学の学費よりも高額である。また、3歳未満の子どもを受け入れている施設は少ないし、営利企業により運営されているデイケア・センターには質が低いものも多い。あるいは、ナニーを探すという手もある。ただし、これはデイケア・センターよりもさらに高額である場合が多い。または運が良ければ、企業内に設置された良質の保育所を利用することも可能かもしれない。[*9]

もちろん、すべての家庭にこのような選択肢が開かれているわけではない。デイケア・センターより安価なのは、ファミリー・デイケアである。ファミリー・デイケアはデイケア・センターと比べると比較的安価なサービスとして知られているが、これも最近は年額で平均7998ドルかかるというから、どんな家庭でも利用できるというわけではない。[*10]しかも、デイケア・センターと比べると保育者の資格などの規定が大幅に緩い（州によっては、ほとんどないに等しい場合もある）ため、保育の質も保証されているとは言い難い。[*11]

貧困層の3歳から4歳の子どもはヘッド・スタートというプログラムにより無料で保育を受けられる可能性があるが、このプログラムの恩恵を受けられる家庭の数は極めて限定されている。保育バウチャー制度（自治体が発行する保育サービス購入補助券）などで貧困・中間層の家庭に保育費用を補助している州もあるが、これも包括的な援助と呼べるものではない。

要するに、アメリカにおいて保育は基本的に市場原理に委ねられている。「小さな政府」という新自由主義の理想をなぞるかのように、公的な支援は限定され、自己責任の原則がことあるごとに強調される。保育に関する選択肢が多いことは一見すると良いことであるように思えるかもしれないが、裕福でない家庭にとっては利用できる選択肢はかなり限定されている。また、質が担保されないまま選択肢ばかり多いため、良い選択ができるとは限らない。

祖父母やきょうだいといった親戚や父親による保育の割合が多いことは、このような背景のなかで理解されなくてはならない。[*12] 新自由主義的な「小さな政府」のロジックが公的な保育制度の整備を阻んでいるからこそ、アメリカでは子育てにおいて親戚が重要な役割を果たすのである。

包括的児童発達法案の失敗

では、このような保育制度は、どのようにしてアメリカ社会に根づいていったのだろうか？以下では新自由主義の展開と関連づけつつ、20世紀後半以降のアメリカにおける保育史の概要を提示してみたい。

アメリカにおいて普遍的な権利としての保育を求める気運が最も高まったのは、１９７０年前後のことである。この時代に保育施設の整備が重要な課題として認識されるようになった理由はいくつかある。

最初の理由は、働く母親の増加である。産業構造の変化やフェミニズムの影響を受けて、1970年代までに女性の就労率は着実に上昇した。1963年に発表されたある調査によれば、デイケア・センターを利用できたのは働いている母親のうちわずか1%だったというから、保育施設の整備を求める声が上がるのも無理はない。[*13]

また、貧困問題への対策という側面からも、良質の保育は注目を集めていた。1965年にジョンソン大統領の「偉大な社会」計画の一環として始められたヘッド・スタートによる効果が実証されるにつれ、発達心理学の知見が高く評価されるようになった。

ところが、保育の問題が大きな注目を集めたのには別の理由もあった。1960年代に急増した福祉関連予算の削減である。なかでも問題となったのは、シングル・マザーが受給する要扶養児童家庭扶助（AFDC：Aid to Families with Dependent Children）であった。このプログラムから長らく除外されていた黒人のシングル・マザーが1960年代に受給を認められるようになると、予算総額が膨れ上がり、プログラムそのものに対する批判が強まった。そこでシングル・マザーの就労を促し、AFDCの支出を削減するために、保育施設の整備が急務となったのである。

このような諸々の理由を受けて、1971年には包括的児童発達法案（CCDA：Comprehensive Child Development Act）が提出された。連邦政府の予算によりデイケア・センターを拡充し、貧困層の家庭は無料で、それ以外の家庭は所得に応じた費用を負担することで、良質の保育施設を使用可能にするというのがこの画期的な――日本に住んでいる私たちにとっては当然のことに思えるかもしれないが――法案の趣旨であった。この法案は上院・下院で承認されたものの、ニクソン大統領が拒否権を行使したために成立しなかった。*14

もともと法案の支持を表明していたニクソンが土壇場で態度を覆したのは、働く母親が増え、「伝統的な家族観」が壊れることを不安視する保守派が猛烈な反対運動を行ったためである。保守派の議員は、この法案がすべての家庭に等しく保育の権利を与えるという意味で「共産主義的」であると批判した。子どもの保育は各々の家庭の自己責任であり、政府が介入すべき問題ではない、というわけだ。そもそもニクソンは女性が働きやすい環境を整備することに興味があったわけでなく、福祉予算を削減するためにこの法案に賛同していたのであるから、これらの批判に与《くみ》する結果となったのも無理はなかった。

CCDAが失敗に終わったことにより、アメリカにおける保育政策は方向転換を余儀なくされた。ＣＣＤＡの予算規模を大幅に縮小し、理念の面でも妥協した法案が１９７５年と１９７９年にそれぞれ提出されたが、どちらも成立に至らなかった。次項以降で確認するように、新自由主義が浸透するとともに、アメリカの保育政策は「自助」の原則をさらに強化していく。女性の就業率が右肩上がりに増加する一方で、すべての家庭の保育環境を整えることが優先的な課題として認識されることはなかったのである。１９８０年代以後、保育関連予算は、さらなる福祉支出の削減を目的として位置づけられていくことになる。

保育格差の拡大

１９８０年代のレーガン政権による新自由主義的な構造改革の影響は、保育施設にも波及した。１９８１年に成立した包括予算調整法（Omnibus Budget Reconciliation Act of 1981）により、保育施設を設置するための助成金は20％以上カットされた。[*15] 結果として、保育施設で提供される食事の質は下がり、個々の家庭の支払額は上昇し、待機児童の数は増加した。

また、保育バウチャー制度の導入が進むことにより、より安価であるが質の低い私的な保育サービス（バウチャーは親戚やベビーシッターなどによる保育にも使用可能）やファミリー・デイケア、大手の私立デイケア・センターの利用が進み、質の保証された公立のデイケア・センターへの助成金が減らされた。

その一方で、レーガン政権は税金控除という形による保育施設利用費の補助を拡大した。民営化と税金控除という新自由主義的な政策の結果の恩恵を受けたのは、一部の中・上流階級の家庭である。それに対して、低所得者層の家庭が使用できる良質の保育施設は徐々に減っていった。１９８０年代はレーガノミクスの影響でアメリカにおける格差が急激に拡大した時代であったが、保育という領域もまた、その例外ではなかったのである。

また、一連の改革により保育労働者が受けた影響も看過してはならない。公立のデイケア・センターで働く保育士の賃金は労働組合により保障されていたが、この時代に増加した組合に加入できない民間保育士（インフォーマルな保育サービスを提供する労働者を含む）の多くは低賃金による労働を余儀なくされた。そして、そのようなケア労働は、次項で説明するワークフェアという新自由主義的な政策によって、低賃金労働を強いられた女性労働者の受け皿となったのである。

ウェルフェアからワークフェアへ

レーガン政権が着手した新自由主義的な福祉改革をさらに加速させたのは、１９９０年代のクリントン政権である。クリントンは「我々の知っている福祉を終わらせる」というキャッチフレーズを掲げ、1996年に個人責任と就労機会調整法（PRWORA：Personal Responsibility and Work Opportunity Reconciliation Act）を成立させた。[*16] 福祉国家を解体し、個人の自己責任を強調するという意味で、PRWORAは新自由主義的な色合いが濃い政策である。

PRWORAの大きな柱となったのは、AFDCを廃止して貧困家族への一時的扶助（TANF：Temporary Assistance for Needy Families）という新しい制度を導入したことである。AFDCが受給要件を満たすすべての申請者に給付を受ける権利を認めていたのに対し、TANFは補助金に上限を定め、申請者が要件を満たしていても受給は保障されないことになった。

また、TANFの下では福祉費の支払いは最長でも5年間となった。TANFは、受給者（大部分はシングル・マザー）が就労することを促進するためのプログラムとして位置づけられた。シングル・マザーが福祉に依存し「ウェルフェア・クイーン」となるのは、彼女たちが働かなくても食べていけるからである、というわけだ――ただし、実際にはAFDCだけで生計を立てるのは不可能であったのだが。「ウェルフェアからワークフェアへ（福祉から就労へ）」というのが、PRWORAの売り文句であった。

クリントンの福祉改革により、保育予算は大幅に増やされた。シングル・マザーを就労させせるためには子どもの保育が必要となる。つまり、保育施設の整備はワークフェアを実現するための手段として位置づけられたのである。

ところが、この福祉改革によって保育環境が好転したわけではなかった。制度が複雑すぎる、自宅の近くに利用可能な保育施設の空きがないといった諸々の理由により、保育施設を利用できる資格を持つ家庭のなかで実際にそれを利用できたのは15－20％の家庭だけだった。[*17]

また、この福祉改革においては保育の質が二の次とされた。福祉改革の目標はシングル・マザーの就労を促し福祉費を削減することであり、良質の保育を通じて格差の再生産を防ぐことではなかった。したがって、貧困層のシングル・マザーでも利用できる安価な保育施設がむしろ求められたのである。福祉改革が保育市場での価格競争を促したと言えば聞こえはいいかもしれないが、その割を食らったのは質の低い保育施設に預けられた子どもたちであり、低賃金労働を強いられた保育労働者であった。

「父親不在の社会」と新自由主義

新自由主義的な福祉改革の矛先は、シングル・マザーと保育市場だけでなく父親にも向かった。「父親の不在」こそが福祉費を増大させている元凶であるとみなされるようになり、国家ではなく個々の男性が経済的な安定を実現する責任者となるべきであるという認識が共有された。一連の福祉改革のなかでは、国家や自治体が生物学的な意味での父親を特定し、養育費を徴収することが急務となったのである。

「父親のいない社会」に対する不安を増幅させたのは、「デッドビート・ダッド」(deadbeat dad)というステレオタイプである。「デッドビート・ダッド」とは養育費の支払い／子どもの認知を拒否する「無責任な父親」を指す言葉であり、一般的に黒人や労働者階級の父親に用いられることが多い。ただし、「ウェルフェア・クイーン」と同様、この言葉もまたスティグマ化された虚構のイメージであることに注意が必要である。

黒人の家庭に未婚の父親が多いことは事実であるが、その主要な要因は経済格差であり、彼らの責任感の欠如ではない。政治学者のロバート・D・パットナムが『われらの子ども』で述べているとおり、貧困層の家族を不安定にしている最大の要因は慢性的な経済的ストレスである。

貧しく、教育水準の低いアメリカ人が過去40年間に経験した経済見通しの大幅な落ち込み(雇用の不安定さの増大と、相対所得の低下)は、彼らが伝統的な結婚パターンを獲得し、維持することをずっと難しいものにした。失業、不完全雇用、そして貧弱な経済見通しは、安定した関係を阻害し、蝕《むしば》んだ。*18

「ウェルフェア・クイーン」と「デッドビート・ダッド」というカップルが新自由主義の仮想敵であったとすれば、そのカップルが特定の人種と関連づけられるのは偶然ではない。すなわち、ことアメリカに関する限り、新自由主義というイデオロギーは「崩壊した黒人家族」を病理化することによって支持を拡大してきたという側面を持っているのである。「黒人的なライフスタイル」が家族の経済的な自立を妨げ、ひいてはそれが国家の「お荷物」となる、という単純化された理解が新自由主義の駆動力となってきた。

第四章以降で詳しく説明するが、アメリカ文化において仕事と育児を両立させる理想の父親の多くが白人として表象されていることは偶然ではない。簡潔に言うと、社会の助けに頼らず個人のレベルで仕事と育児のジレンマを解決する理想の父親は、「デッドビート・ダッド」と「ウェルフェア・クイーン」というステレオタイプの対極に位置しているのである。

結局、「アメリカの父親は進んでいる」という認識は正しかったのだろうか? 確かに個人の意識というレベルで比べてみれば、アメリカの父親は家事や育児に積極的だと言えるかもしれない。ところが、それをもって「アメリカではフェミニズムの理念が浸透している」とも言い切れないのが難しい点である。これまでの議論のなかで確認してきたように、新自由主義というイデオロギーに支配されたアメリカのなかで、子育ては社会全体の課題というより個々の家庭の責任として位置づけられてきたのだ。

ただし、日本における保育制度がアメリカのそれより整備されているからといって、日本社会のほうがアメリカ社会よりもジェンダーという点で充実しているということにはならない。個人の意識と社会の制度はゼロサムの関係にあるわけではない。今、日本社会に求められているのは、個々の男女の意識を改革したうえで、育児支援制度をさらに充実させることである。

ハワイの公園で見かけた父親たちは概して幸せそうだったけれど、なかには他の保育の手段が見つからず、やむを得ずに子どもの世話をしていた人もいたのかもしれない。彼らはフェミニズムの理想を体現した主体である一方で、新自由主義の犠牲者でもあったのではないか？そう問い直すことから始めてみてはどうだろう。とはいえ、ここで議論を急ぐ必要はない。次章では近年の日本における保育政策を新自由主義という枠組みのなかに位置づけてみたい。

第三章　日本における保育と新自由主義

アメリカにおいて保育が「売り物」となり、市場の原理に委ねられていることを前章では確認した。では、日本ではどうだろうか。アメリカの保育制度に比べると、日本の保育制度は万人に開かれているように思えるかもしれない。応能負担（所得に応じて支払額を決定する）を原則とする日本の保育制度は、応益負担（所得に関係なく、提供されたサービスの質に応じて支払額を決定する）の傾向が強いアメリカの保育制度と比べて、もともと比較的安価であった。さらに2019年には幼児教育・保育の無償化制度が実施され、3－5歳のすべての子どもが幼稚園・認可保育所・認定こども園などを無料で利用できるようになった（ただし、もともと応能負担の制度が確立されていたわけだから、無償化の恩恵を享受するのは主に富裕層である）。

また、アメリカでは保育園の設置基準が統一されていないのに対して、日本では国が認可保育所の条件を定めている。どの認可保育所を利用しても最低限の質は担保されているので、利用者は比較的安心して子どもを預けることができる。日本に住む私たちにとって、そうした質の高い保育は「育児のネットワーク」の重要な一部をなしている。

ところが、ここ20年あまりの新自由主義的な潮流のなかで、育児に対する公的な支援は日本でも徐々に削減されてきた。一言で言えば、日本においても保育の市場化が急速に進んだのである。本章では少子化や待機児童といった日本独自の事情を勘案しつつ、新自由主義が日本の保育に与えた影響を検討したい。

少子化と待機児童

はじめに、ここではひとつの具体例を紹介したい。東京都目黒区在住の竹内冬美さんは、いわゆる「保活」の末に２０１９年から区立保育園を利用し始めた。その区立園は評判どおりに保育の質が高く、２０２１年からは第二子も預けることができて満足していた――そんな矢先の4月半ばである。竹内さんは保育園から1枚の薄い藁半紙《わらばんし》を受け取った。その紙に掲載されていたＱＲコードを読み取って区のホームページを見ると、その区立園が数年後に別の区立園と統合されたうえで民営化されることが事務的に記されていた。

青天の霹靂《へきれき》としか言いようのない保育園民営化計画を知って、竹内さんは困惑と怒りの混ざった感情を抱いたという。慣れ親しんだ保育士がいなくなったとき、子どもたちはどのような反応をするだろうか？　新しい保育園において保育の質はどこまで保持されるのだろうか？　あるいは、公立の保育園がそれまで担ってきた公的役割――地域の避難所や子育て支援の拠点としての機能、障がい者の受け入れなど――はどうなるのだろうか？　区による一方的な決定に疑問を感じた竹内さんたち保護者は、区立園の存続に向けた活動を始めた。[*1]

この例からもわかるとおり、保育園民営化は現在に至るまでさまざまな自治体において重要な争点になっている。だが、民営化の議論は近年に始まったことではない。日本において保育への公的支出がカットされ始めたのは、1980年代のことである。公立保育園の数が1983年に過去最多を記録した一方で、この時代には保育園運営費の国家負担率が徐々に削減されていった。公立保育園にのみ多額の公費が投入されることや、公立保育士の賃金の高さなどが批判されたのである。このような流れのなかで、鈴木善幸《ぜんこう》内閣・中曽根康弘内閣の第二次臨時行政調査会は、保育園の民営化をひとつの目標として掲げた。

ところが、この時代には「生活可能な、主体的に働くことを選んでいる共働き層への保育サービスの供給は『公費の乱用』と指摘された」というから、待機児童の増大と少子化を背景とした現在の保育園民営化とは事情が大きく異なる。[*2]　共働きの家庭が現在ほど一般的でなかったこの時代においては、保育園の数を増やすどころか、むしろ抑制することが課題とされたのである。事実、1980年を境に保育園の入所児童数は緩やかに減少していった。*3

そのような方針を一変させる要因となったのが、1990年のいわゆる「1・57ショック」である。1973年には2・14であった合計特殊出生率（ひとりの女性が一生の間に産む子どもの数）は急速に低下し、1989年に1・57となったのだ。この衝撃を受けて、政府は少子化対策としてさまざまな政策を矢継ぎ早に策定した。1994年の「エンゼルプラン」、1999年の「新エンゼルプラン」、2003年の次世代育成支援対策推進法・少子化社会対策基本法などがその一例である。

一連の少子化対策のなかで重視されたのが、保育園の量的な拡大だった。2001年に発足した小泉純一郎内閣は「待機児童ゼロ作戦」を掲げ、2002年度から3年間で15万人の保育園児の受け入れ増を目指した。「聖域なき構造改革」というキャッチフレーズを掲げて小泉政権が新自由主義的な政策を推進したことはよく知られているが、「待機児童ゼロ作戦」もその延長線上にある。

保育園の量的拡大を実現するために重用されたのは、規制緩和と民営化という二本柱であった。産業構造の変化により、いわゆる「家族賃金モデル」（父親がひとりで家族全員を養うことが

できるだけの賃金を終身雇用制により保障するシステム）が崩壊し、共働き世帯が増加していたこ
とも相まって、これらの改革は急速に進行した。

規制緩和と民営化

新自由主義改革が保育という領域に与えた影響を理解するために、まずは規制緩和という側面に注目してみよう。小泉政権が促進したのは、保育園の入所定員の「弾力化」である。「弾力化」とは耳慣れない言葉かもしれないが、規制を緩和して制度を柔軟に適用するということであり、この文脈では、「詰め込み保育」を意味している。この改革により、待機児童が多い自治体では、保育園の定員を超えて（年度初めは15％増しまで、年度途中は25％増しまで、年度後半は無制限）子どもを預かることが認められた。

小泉政権は保育園の入所定員だけでなく、保育士の配置基準も緩和した。1998年には常勤の保育士を原則とする規定が撤廃され、基準配置数の2割までという条件付きで短時間勤務保育士（非常勤保育士）を配置することが認められた。小泉政権はこの規制緩和をさらに推し進め、非常勤保育士の上限を撤廃した。各クラスに1－2名以上常勤の保育士がいれば、あとはすべて非常勤保育士でもよくなったのである。

入所定員の弾力化や保育士の配置基準の緩和は、待機児童を減らすという意味では一定の効果があった。その一方で、規制緩和により保育の質が低下したこともまた事実である。常勤の保育士が原則であったのは、保育士が頻繁に入れ替わると子どもが安定した人間関係を築けないからである。保育園に定員が設定されているのは、キャパシティを超えて園児を受け入れると十分に目が行き届かず、事故の可能性が高まるからだ。

事実、保育園で起きた痛ましい死亡事故に関する報道は後を絶たない。ジャーナリストの猪《いの》熊《くま》弘子によれば、「事故が起きた施設の多くは、保育室の面積が非常に狭く、職員が少なく、無資格者や資格を持っていたとしても経験の少ない場合がほとんど」であり、「余裕のない保育施設の運営が、子どもの死亡事故を招いている」という。*4 事故を起こした個々の保育施設を責めることは簡単だが、その背後に構造的な要因が潜んでいることが看過されてはならない。

待機児童対策のために政府が重視したもうひとつの方針が、民営化である。2000年には営利企業も認可保育所に参入できるようになった。自治体か社会福祉法人しか認可保育所を設置・運営してはならないという規制が撤廃されたのである。

小泉政権は、民営化の流れをさらに加速させた。2003年に内閣府により発表された報告書では、「保育サービスの需要は今後ますます増大し、将来有望な市場となる」一方で、「株式

図3　公営・私営保育園数の推移

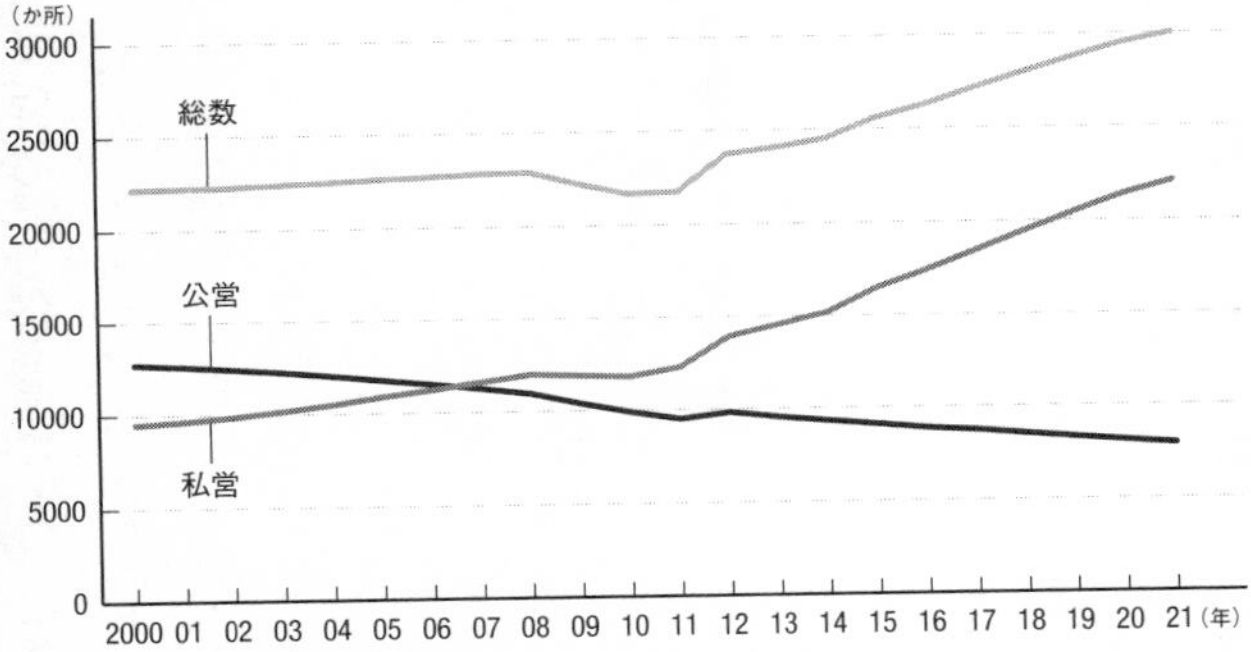

厚生労働省「社会福祉施設等調査」より筆者作成

会社の参入を認めるなど規制緩和が進んだにもかかわらず、そのメリットが利用者にきちんと還元されて」いないことが問題視された。[*5]

公立保育園では「効率的に経営が行われて」おらず、規制緩和の徹底により民間企業の参入を促すことが必要である、というのがこの報告書の結論である。公立保育園のコスパの悪さを強調する一方で保育サービスが将来的に有望な市場であることを明記するこの報告書には、「すべての領域を金銭化する」新自由主義の基本方針が明確に反映されている。

この報告書の議論を受け、２００４年にはいわゆる三位一体改革の一環として公立保育園の運営費が一般財源化された。それまでは国庫補助負担金という形で保育園の運営のためだけに使える予算が自治体へ支給されていたが、この補助金の廃止によって用途が特定されない予算が自治体に支給され、自治体ごとにその予算を自由に割り振れるようになったのである。この一般財源化を機に、多くの自治体は保育園関連の予算を大幅にカットした。その結果、先述したような民営化による混乱が2000年代には続発した。[*6] また、公立・私立を問わず、保育士の非正規雇用化が進んだ。

慢性的な財政難に苦しむ自治体にとって、民営化によるコスト削減は魅力的である。民営化や統廃合が進むにつれて公営保育園の数は徐々に減り、2007年には私営保育園の数を下回った。2021年時点で、公営保育園が7919か所あるのに対し、私営保育園は2万2076か所である。2000年の時点では公営・私営それぞれ1万2707か所と9492か所であったので、保育園の総数が増えていること、また公営・私営の割合が著しく逆転していることがわかる（図3）[*7]。

誤解しないでほしいのだが、私は民間の保育園や非正規の保育士は質が低いと主張したいわけではないし、公立の保育園が完璧であると言いたいわけでもない。私の個人的な経験から言っても、民間であれ、非正規であれ、有能で熱心な保育士は数多く存在している。

問題は、拙速な民営化によって保育の質が担保されないような構造ができ上がってしまったことなのだ。待機児童問題の深刻さを考えれば、営利企業の参入という判断は妥当であったかもしれない。だが、それによって保育の質が低下し、子どもを安心して預けられないのでは元も子もないはずである。

民営化と保育の質

それにしても、民営化することによりコストが削減できるのはなぜだろうか？　さまざまな理由があるなかで、特に重要なのは人件費の削減である。保育はその性格上、極めて労働集約的な産業であり、厚生労働省や内閣府は人件費を委託費の7－8割と想定している。ところが、ジャーナリストの小林美希が東京23区内の私立認可保育所について調査した結果によると、社会福祉法人では委託費に対する人件費の比率が55・4％、株式会社では42・4％だったという。[*8]

このような運用が許されているのは、保育園の運営費が「弾力化」されたからである。規制改革以前は、保育園の運営費のうち8割は人件費に使うという使途制限が設けられていた。ところが、先述のとおり、規制改革により使途制限は撤廃され、保育園の運営費を事業費や管理費など、それ以外の目的に転用することが可能となったのである。結果として、保育士の給与を低く抑え、保育園を新規開設したり、他の事業で活用したりするために人件費を転用する企業が続出した。[*9]営利企業が利益を確保し成長を志向することは自然かもしれないが、人件費として想定された補助金を他の目的に転用できるという制度に問題はないのだろうか。

２０１７年度の内閣府による調査によれば、常勤の公立保育士（園長・主任保育士を除く）の平均年収は約３３６万円であり、私立保育士のそれは約３１５万円である。[*10] この数字だけを見ると、公立と私立の保育園における賃金の差は看過できるレベルかもしれない。

だが、問題は極端に保育士の年収が低い私立保育園が多数存在していることである。小林の調査によると、２０１６年度には東京都の４００か所の認可私立保育所（株式会社のみ、社会福祉法人は含まない）のうち、１０５か所の保育園では常勤職員の平均年収が３００万円に届かず、２５０万円未満の保育園も15か所存在したという。[*11] 先述した２００３年の内閣府の報告書では公立の保育士が私立の保育士より三割程度も収入が高いことが問題にされていたが、問題は公立保育士の収入が高すぎることではない。私立保育士の収入が低すぎるのである。

国税庁の調査によれば、２０１４年における民間の正規労働者の平均年収は４７８万円であるから、私立保育園ではその半分程度の給与しか受け取れない保育士が多数存在しているということになる。[*12] ただし、上記の保育士の年収には政府や自治体が保育士の待遇を改善する目的で加算している処遇改善費は必ずしも含まれていない。政府が支給した処遇改善費と東京都のキャリアアップ補助費によって、たとえば東京都内の保育士は月にそれぞれ２万６０００円と

2万3000円を受給できる可能性がある（いずれも2016年の数字）。これらの金額は保育園の定員や役職によって異なり、保育園によってはこうした補助金を受給していないため、一概には言えないが、これらの補助金が支給されていなければ、保育士の待遇はさらに悲惨なものになっていたであろう。市場原理に任せるのではなく、国や自治体が率先して保育士の待遇を改善するという流れは歓迎すべきである。ただし、それを手放しで称賛するのではなく、処遇改善費が流用されないような仕組みを作ることも必要だ。

保育士の離職率の高さは長らく大きな問題となっているが、その一番の原因は、収入の低さである。[*13] そして、賃金の低さに音を上げて保育士が転職を繰り返せば、子どもは保育士と安定した関係を築けない。要するに、保育士に十分な報酬が与えられないとき、その代価を最終的に払わなければいけないのは子どもなのだ。

近年、一斉退職する保育士が後を絶たない。私が主要な新聞で確認した限りでも、2020年には3件、2021年には7件の一斉退職が全国各地の保育園で起きている。一斉退職の原因はパワハラや子どもの安全が保障されていないなどさまざまであるが、なかでも目立つのが給与のカット、未払いである。

保育士はみな、自分たちが一斉に辞めることで子どもたちにどんな悪影響が生じるかを熟知しているはずである。それでもなお、これだけの保育園で一斉退職が現実に起きている——目の前の子どもたちのために、胸のなかで不満を静かに殺して働き続ける保育士はいったいどれだけいるのだろう？

数年前、実業家の堀江貴文《たかふみ》が保育士の給料が低いのは「誰でもできる仕事だから」であるとツイートして炎上した。堀江の発言はあらゆる意味で状況を誤認している。保育士になるには資格をとらなければいけないいし、身体的にも精神的にも激務である保育士の仕事は誰にでも務まるものではない。そして親の立場から付け加えておくと、保育の意義を軽視している人間には自分の子どもを絶対に預けたくない。

ただし、堀江の発言は、特に目新しいものではない。ここまで説明してきたように、近年の日本における保育の質の切り下げは、それが「誰にでもできる」仕事であることを前提としていたからだ。もっと言えば、「誰にでもできる」という言葉が示唆しているのは、「依存者のケア、すなわち依存労働は通常、社会において最も低い地位と力を割り当てられてきた」という事実である。[*14] このことは、保育という産業自体がジェンダー化されてきた（＝「女性の仕事」であると考えられてきた）こととも深く関係している。[*15]

次章以降で具体例を交えながら詳しく分析するが、日米の文化における「理想の父親像」を分析する本書にとって重要なのは、父親が育児に携わったとき、それが（奇妙なことに）「誰にでもできる」仕事としては描かれないことである。その背後に見え隠れするのは――ここでもまた新自由主義の姿なのだが、ここではさしあたり、日本における「イクメン」の誕生と新自由主義の関係を論じてこの章を締めくくりたい。

新自由主義、少子化、ジェンダー

近年の日本においては、ジェンダーの平等を推進する政策が次々と実行されてきた。たとえば、第二次安倍晋三内閣が「すべての女性が輝く社会」を旗印に掲げたことは記憶に新しい。ジェンダーの問題は徐々に改善されているようにも思われるが、はたして現在の状況を手放しで歓迎してもよいのだろうか。（見せかけの）ジェンダーの平等を推進すること自体が、新自由主義の駆動力となってきたのではないか。

安倍元首相は、2013年の「成長戦略スピーチ」のなかでこう述べている。

「現在、最も活《い》かし切れていない人材とは何か。それは、女性です。女性の活躍は、しばしば、社会政策の文脈で語られがちです。しかし、私は、違います。成長戦略の中核をなすものであると考えています。女性のなかに眠る高い能力を、十二分に開花させていただくことが、閉塞感の漂う日本を、再び成長軌道に乗せる原動力だ、と確信しています」

要するに、ここで安倍元首相があけすけに述べているのは、「ジェンダーの問題が重要であるのは、それが経済成長につながる限り」ということである。「社会政策」の一環として女性の立場を向上させるつもりはないけれど、女性が駒となり経済成長に寄与してくれるのであれば、それは歓迎したい——そんな本音がこの演説からは透けて見えてくる。

『日本のポストフェミニズム 「女子力」とネオリベラリズム』のなかで、社会学者の菊地夏野はこのように述べている。

問題は「女性活躍」が達成されないことではない。女性活躍が、平等や権利としてではなく、あくまで国の経済活性化のための手段として位置づけられていることから、そもそもの問題が生じている。そして女性活躍政策によってジェンダーをめぐる実態が覆い隠され、女性を男性並みに資本が利用することがジェンダー平等であるかのようにイメージ操作されている。これこそがネオリベラリズムのジェンダー・イデオロギーである。*16

ジェンダーの問題というのは、本来は経済の問題とは違ったものさしによって測られるべき領域であるはずだ。それが経済成長につながるかどうかにかかわらず、ジェンダーの正義は実現されなければいけないはずなのだ。ところが、近年の日本ではジェンダーの問題が経済の問題と表裏一体になってしまっている。それこそが、「すべての領域を経済化する」新自由主義の罠《わな》である。

政治哲学者のナンシー・フレイザーが議論しているように、ジェンダーの問題が新自由主義によって換骨奪胎《かんこつだったい》されるのは、多くの先進国に共通した傾向だ。[*17] その一方で、近年の日本においてジェンダーの問題が経済的な尺度によって再定義されてきたのは、少子化（により引き起こされる経済成長の停滞への不安）という日本固有の問題によるところが大きい。先述したように、ここ20年ほどの日本における新自由主義的な保育政策は、何よりも少子化対策として位置づけられてきたのである。[*18] 待機児童の解消ばかりが問題となり保育の質が真正面から問われてこなかったのは、女性の労働力を確保することが最優先の課題として扱われてきたからなのだ。

目的がどうであれ、ジェンダーの諸問題が結果的に改善されるのであれば、それは悪いことではないのではないか——そんな風に考えられる方もいるかもしれないが、私はそうは思わない。ジェンダー平等政策によって少子化を改善する効果がないという結論に達したら、そこでジェンダーの問題は振り出しに戻ってしまうかもしれない。あるいは、経済成長に関わりのないジェンダーの問題は無視されてしまうかもしれない。

ジェンダーの問題が少子化という経済問題を解決するための手段として位置づけられたとき、その意味は変質してしまう。哲学者のマイケル・サンデルの言葉を借りれば、「市場による評価や取引はある種の物や行為を堕落させる効果を持つ」のである。*[19] ジェンダーと経済の問題を完全に分離することは不可能であるし有益でもないが、経済的な側面が過度に優先されないよう注意する必要があるのではないだろうか。

本書の議論にとって重要なのは、「イクメン」の誕生もまた、上記のような文脈の延長線上に位置づけられることである。1・57ショックへの抜本的な対策が求められていた1990年代後半に政府が突如として父親の育児を推奨し始めたのは、偶然ではない。1999年に厚生省により公開されて反響を呼んだ「育児をしない男を、父とは呼ばない。」のポスターは、少子化対策の中心となる「新エンゼルプラン」から生まれたものであった。また、2010年に厚生労働省が立ち上げた「イクメンプロジェクト」も、少子化対策の一環として位置づけられることが多かった。

父親の育児が少子化問題の枠組みのなかで推奨されてきたことは、少子化の深刻さを考えれば首肯できる部分もある。ただし、少子化対策という梯子《はしご》を外されたときに、父親の育児という問題も宙に浮いてしまったのでは意味がない。経済成長につながるかどうかにかかわらず、女性が社会のなかで働く権利は保障されるべきである。同様に、少子化問題が解消するかどうかにかかわらず、父親は積極的に子育てに参加するべきなのだ。

第四章　フレンチトーストの神話を解体する
――『クレイマー、クレイマー』

2021年6月5日付の『毎日新聞』の「余録」は、こんな文章で始まっている。「ダスティン・ホフマンさんが妻に去られて子育てに奮闘する父親を演じた米映画『クレイマー、クレイマー』（1979年）は世界的に社会現象を引き起こした」。このコラムは続いて、日本において「男女平等に向けた法整備が進み、男性の子育てをイメージアップさせた『イクメン』が流行語になった」ことを歓迎したうえで、男性が容易に産休を取得できない現状に警鐘を鳴らし、その改善を訴えている。

『クレイマー、クレイマー』（ロバート・ベントン、1979年、以下『クレイマー』と表記）のあらすじは、とてもシンプルだ。テッド・クレイマー（ダスティン・ホフマン）の妻であるジョアンナ（メリル・ストリープ）はある日、彼らのひとり息子であるビリーを置いて家を出る。それ

『クレイマー、クレイマー』（1979年）
写真：Everett Collection/アフロ

まで子育てにほとんど関わってこなかったテッドは、慣れない育児に苦戦しながらも、徐々にビリーの信頼を勝ち取り、良い父親になる。ところが、自らのキャリアを優先したはずのジョアンナは、ビリーの養育権を取り戻すために突如として裁判を起こす。テッドは裁判に敗れ、ビリーと別れることになるが、映画の結末でジョアンナは自らの「過ち」を認め、ビリーと一緒に暮らすことを諦める。

上記の新聞記事の文脈において『クレイマー』に言及されることは、とても興味深い。アメリカ文化はここで、私たちが目指すべき到達点を示すマイルストーン（指標）として用いられている。「遅れた」日本社会の目標は、40年以上前のアメリカ文化のなかにあるというわけだ。

このコラムはただし、『クレイマー』が提示しているジェンダー観を全面的に肯定しているわけではない。「日本では仕事中毒の父親に感情移入した男性も多かった。先輩の映画記者は『仕事を持ちながらの男の育児は大変』『家庭はやはり戦士の休息の場』と評し、女性読者から猛反発を受けた」と述べるとき、このコラムは、「女たちがジリッジリッと男たちを土俵際に追いつめている」と主張した先輩記者の男性中心的な視点の反動性を正しく指摘している。[*1]ところが、このコラムの筆者は、文章を次のように締めくくることで、その批判性を最終的に無効化してしまっている。

「冒頭の映画の父親は奮闘しながらフレンチトーストを作る腕を上げた。妻や子においしい朝食を出す父親が当たり前の社会を目指したい」

この結語では、『クレイマー』という映画（と、そのクライマックスであるフレンチトーストのシーン）が「父親が積極的に子育てをする社会」を体現した記号に成り代わってしまっている。[*2]私たちの社会はジェンダー平等に向けて改善してきたが、まだアメリカ社会には追いついていない、とでも言うように。そこに欠けているのは、『クレイマー』をマイルストーンとすることが妥当なのかを批判的に考察する視点である。そして、それこそが、本章における主要な問いとなる。

本章が目指すのは、これまでとは違った角度から『クレイマー』を批判的に読み解き、「フレンチトーストの神話」を解体することである。フレンチトーストのシーンは何度見返しても感動的で、美しい。けれども、その美しさこそが一種の罠なのではないだろうか？『クレイマー』を批判的に考察するための鍵となる概念は、新自由主義とメロドラマである。新自由主義に関してはすでに触れたので、以下ではメロドラマについて簡潔に説明したい。

メロドラマ

私たちは、「メロドラマ」という言葉を日常的に使っている。「あの映画にはメロドラマっぽいところがある」——そんな表現を用いるとき、「メロドラマ」という言葉は「センチメンタル」、「通俗的」といったニュアンスを含んでおり、否定的な響きを持つ場合も多い。

けれども、近年の映画研究は、「メロドラマ」という言葉をより広い射程のなかに位置づけている。この分野を代表する研究者であるリンダ・ウィリアムズによれば、メロドラマとは「大衆的なアメリカ映画の基本的なモード」である。[*3] それは女性映画や恋愛映画といった一部のジャンルにのみ見られる性質ではなく、大半のハリウッド映画に共通した感性なのだとウィリアムズは看破した。彼女の議論に従うならば、『タイタニック』も、『ダイ・ハード』も、『グリーン・マイル』も、『アナと雪の女王』も、すべてメロドラマである。

では、具体的には、メロドラマとはどのようなモードなのだろうか？　ウィリアムズの議論の要点をまとめると、以下のようになる。

1. 善と悪の二項対立
2. 他の登場人物から誤解されるイノセントなヒーロー
3. 喪失の不安、ペーソスと涙
4. 言葉ではなく身体やイメージにより示される道徳性
5. 失われた「ホーム」に戻りたいという願望

以下では『シザーハンズ』（ティム・バートン、1990年）を例に、ここで挙げたメロドラマの特徴について簡潔にまとめてみたい。

メロドラマにおいては、単純化された図式のなかで善と悪の二項対立がドラマチックに提示される。観客にとって、善と悪の所在は明らかである。その一方で、登場人物の大半は、イノセントな主人公が体現する道徳性を正しく認識しない。

『シザーハンズ』では、ハサミの手を持つ人造人間であるエドワード（ジョニー・デップ）が、画一的な価値観にとらわれた郊外社会の住人から拒絶される。エドワードが誰よりも優しく利他的な人物であることを、観客は理解する。ところが、彼の道徳性はその奇抜な外見ゆえに誤解され、他の登場人物からは危険視されてしまう。周りの人々から誤解され虐げられるからこそ、観客は主人公を応援したくなるのである。

メロドラマ的な世界において道徳性の証《あかし》となるのは、孤立した主人公の苦しみだ。被害者として表象される主人公が苦しむ様子に感情移入しつつ、観客はペーソス（胸が締めつけられるような悲しみ）の感情を抱く。

したがって、メロドラマの本質が「お涙頂戴」にあるという理解は必ずしも間違っていない。メロドラマにおいて観客が涙を流すのは、それが喪失の予感に満ちているからだ。主人公が必死に守ろうとしている大切なもの（多くの場合、それはトラブルの存在しない「ホーム」と呼ばれる空間である）が失われてしまうのではないか――そのような不安が、涙の源泉となる。

『シザーハンズ』において観客の涙を誘うのは、ヒロインのキム（ウィノナ・ライダー）とエドワードの別れである。彼らは密《ひそ》かに思いを寄せ合っているが、共同体の人々がエドワードを

「モンスター」として扱い異端視するために、彼らの仲は引き裂かれてしまう。エドワードは、心の拠り所《よどころ》となる場所、すなわち「ホーム」を失うのである。

ただし、そのような涙に肯定的な意味を見出《みいだ》したのがウィリアムズのメロドラマ論の斬新な点であった。涙は観客や登場人物が無力であるから生じるわけではなく、彼らがより良い未来を夢見ていることの証なのだ。郊外の共同体から追放されるエドワードの姿を通じてこの映画が逆説的に訴えかけるのは、マイノリティが共生できる未来であり、外見だけで人の本質が判断されないような世界である。メロドラマの核心にあるのは、"dreams of revolution" すなわち「変革の夢」なのだ。[*4]

もうひとつ重要なのは、メロドラマにおいては言葉ではなく、身体やイメージを通じて主人公の美徳が示されることである。『シザーハンズ』において、エドワードが自分の美徳を声高に主張することはない。この映画では、台詞ではなく、彼の身体（エドワードの顔は傷だらけである）や強烈な印象を残すイメージ——たとえば、映画の結末でエドワードがハサミを使って降らせる雪——こそがペーソスの感情を引き起こし、彼の純粋さ（イノセンス）を観客に強く印象づける。言語ではなくイメージによって観客を感動させることができる点が、視覚芸術である映画のひとつの特徴である。

では、『クレイマー』は、どのような意味でメロドラマ的なのだろうか？

メロドラマとしての『クレイマー、クレイマー』

『クレイマー』は1979年に公開されると、年間トップの興行収入を記録し、5つの部門でアカデミー賞を受賞した。父親が子育てをする日常をリアルに描いた映画は当時、類を見ないものであった。そして、そのような映画が興行的に大成功を収めたというのも、極めて画期的な出来事だったと言える。母親の育児は当たり前すぎて「絵にならない」が、父親の育児は「絵になる」ばかりか、「売れる」ことがわかったのだ――子育てをする男性だけが、「イクメン」という名前を付与されて特別視されるのと同様に。

『クレイマー』における善と悪の境界線は、明確である。仕事人間だったことを反省して育児の責任を一手に引き受けるテッドは、道徳的な善を体現している。その一方、「自己実現」のために子どもを見捨てるジョアンナは、利己的で冷酷な母親として描かれている。映画の前半部ではジョアンナに肩入れしたくなったという方も多いだろうが、テッドが徐々に「良い父親」になるにつれて、ジョアンナは父子の美しい絆《きずな》を損なう「悪役」として位置づけられていく。たとえば、養育権をめぐる裁判が始まる前にテッドとビリーの姿を陰からこっそりと見つめるジョアンナは、敵意に満ちた表情をしている。女性の「自己実現」を促すフェミニズムは、この映画においてはあたかも家庭を崩壊させる元凶であるかのようである。

『クレイマー』ではテッドが主な視点人物となるため、観客はジョアンナの事情を断片的にしか理解することができない。テッドが育児の責任を果たしたのは、ジョアンナが家を去ってからの1年半ほどにすぎない。対して、ジョアンナはビリーが生まれてから5年半、ほとんどひとりで子育ての重責を担ってきた。もちろん、生まれたばかりの乳幼児をケアするのが7歳児の世話をするよりはるかに大変であることは、言うまでもない。

ところが、この映画において、ジョアンナが子育てをしている様子はまったく描かれない。ひとり息子を捨てて家を出た彼女の心情は、テッドが読む手紙や裁判所での証言を通じて間接的に伝えられるのみである。言い換えると、ジョアンナの愛情は言葉で表現されるばかりで、それが視覚化されることはほとんどない。ジョアンナの視点が欠けているからこそ、観客はテッドに感情移入できるのだ。[*5]

母親を主人公にした従来のメロドラマにおいて、しばしば母性愛がイノセンスを示す記号として機能していたことを考えると、ジョアンナが家を去るシーンによってこの映画が始まることは象徴的だ。[*6] 眠りかけたビリーに別れを告げるジョアンナの顔はとても薄暗く照らされており、母親の冷たい表情がここでは強調されている――映画の中盤でテッドがビリーを寝かしつけるとき、より明るい照明が使われているのとは対照的に。

母親に代わって映画のなかでイノセンスを体現するのは、父親と子どもである。大人社会の醜さに染まっていないという意味でビリーはイノセント（純粋）であるし、テッドはイノセント（無実）であるにもかかわらず、裁判によって養育権を奪われる。イノセントな父子の絆が、母親と法律によって奪われてしまう――そのような喪失の不安が、この映画には満ちている。

フレンチトーストのビフォア・アフター

映画研究者のステラ・ブルージが述べているように、この映画は「伝統的に母性に関連付けられてきた退屈な日常生活を昇華させ、神聖なものとして再定義して」いる。[*7] そして、それが最も明確に示されているのが、前述したフレンチトーストのシーンだ。このシーンは映画の最初と最後の部分に置かれ、いわば、育児の責任を放棄してきた父親の「ビフォア／アフター」を象徴する場面となっている。

最初の場面が示唆しているのは、父子の不和や混乱だ。ジョアンナが家を出た翌朝、テッドはビリーのリクエストに応じてフレンチトーストを作る。テッドは自分の仕事のことで頭がいっぱいで、母親の不在に動揺しているビリーの気持ちに寄り添うことができない。また、料理に不慣れな彼は、フレンチトーストを滅茶苦茶にしてしまう。

このシーンでは、テッドが父親として未熟であることがカメラワークを通じて強調されている。3分足らずのこのシーンでは60以上のカットが使われており、カメラはテッドやビリーとともに、卵の殻の破片や焦げたフレンチトーストなど、さまざまな物体をクローズアップでせわしなく映し出す。目まぐるしく変わる視点が、このシーンではテッドの混乱を示唆するとともに、観客の感情移入を阻害している。

対照的に、最後のフレンチトーストのシーンは、観客の感情移入を促す。テッドとビリーはここでフレンチトーストを完璧に作り上げる。彼らの動作は協調がとれていて、一切の無駄がない。ロング・テイクで撮られたこのシーンにおいてはカメラがほぼ固定されており、安定感のある映像からは父子の絆の強さが伝わってくる。

ただしこのシーンは、単にテッドが家事の腕を上げたために映画のクライマックスとなるわけではない。父子の愛情の儚《はかな》さが強調され、その尊い日常が母親と法により脅かされているという感覚を観客が持つからこそ、このシーンの美しさは際立つのだ。最初のシーンでテッドがビリーを苦しめるのに対し、ここでテッドはビリーと一緒に被害者として苦しむ。この映画のなかで父親の育児が母親の育児と区別され特別な意味を持つのは、それがメロドラマ的な喪失の感覚（テッドとビリーにとっての「ホーム」が奪われてしまうのではないかという不安）と隣り合わせになっているからだ。

テッドとビリーの苦しみに焦点を当てたこのシーンは、「男らしさ」の定義を問い直している。料理の作業が一段落すると、カメラはまず、お互いを見つめ合う父子の切ない表情を切り返しでとらえ、次にビリーを抱きしめるテッドの姿をクローズアップで映し出す。ここでは、映像だけでなく音が重要な意味を生み出している。テッドがビリーを抱きしめるとき、カメラは今にも泣き出しそうなビリーの顔を最初に映し出す。そしてビリーを抱きしめるテッドの顔が逆方向から映し出されるとき、観客はビリーがすすり泣くような声を耳にするのである。

英語には、“take it like a man”という表現がある。男らしく耐える、困難を受け止めるといったニュアンスである。このカットでは、別れの悲しさに耐え切れず涙を流す7歳の少年と対比される形で、「男らしく」痛みに耐えるテッドの男性性が強調されている。ここで男らしさとは何かを支配することではなく、屈辱や痛みに黙って耐えるというメロドラマ的な振る舞いにより定義されるのである。[*8] ただし、少し見方を変えれば、ここで背後から聞こえてくるビリーの泣き声は、テッドに秘められた感情を代弁しているようにも思える。テッドは、「男らしく」痛みに耐える一方で、子どものようなイノセンスを持った男性でもあるのかもしれない。[*9]

1970年代にアメリカで流行した男性解放運動（Men's Liberation Movement）のなかでひとつの目標となったのは、男性を感情の檻《おり》から解き放つことであった。この運動を主導したハーブ・ゴールドバーグやウォレン・ファレルといった著作家が主張していたのは、「泣いてはならない」というプレッシャーから男性を解放することである。[*10]『クレイマー』における涙の抑圧と開示は、そのような新しい男性性の概念と共鳴しているように思われる。

「男らしさの規範」を見直すことは、男性のみならず女性にとっても有益だ。ただしその一方で、ジェンダーの圧力に苦しむ「被害者」として男性を位置づけることにより男性の「加害者性」が温存される可能性は、看過されるべきではない。[*11] 事実、アメリカの男性解放運動は1990年代までに、より保守的な男性権利運動（Men's Rights Movement）に吸収された。フェミニズムの理念を男性にも適用しようとしたのが男性解放運動であったとすれば、男性権利運動はフェミニズム自体を男性の敵とみなし、男性が「逆差別」を受けていることを主張する。[*12]

これまでの議論から明らかなように、『クレイマー』においては男性解放運動と男性権利運動の理念が共存している。性差別の「当事者」として男性の苦しみや葛藤を焦点化するという行為の危うさを、この映画は体現していると言ってもよいのかもしれない。白人男性の「被害者性」を強調する言説は、女性や他のマイノリティを抑圧する言説とは紙一重なのである。

法への反感と新自由主義

この映画のなかで父子の切実な感情と対比されているのは、(主に法廷における)醜い言語である。その対比は、フレンチトーストのシーンからも明らかだ。最初のシーンでテッドがビリーの感情を無視してしゃべり続けるのに対して、最後のシーンでは、父子の沈黙が観客の感情移入を誘っている。メロドラマの大団円においては、「言葉よりも雄弁なタブロー(静止画)」によって美徳が提示されるのである。*[13]

『クレイマー』はメロドラマの美学に基づいて、理性を司《つかさど》る言葉と法に対する不信感を喚起する。映画研究者のジョナ・イーグルが述べているように、メロドラマにおいて「真実とは理性的な議論や熟考ではなく、直感的な感覚の産物である」のだ。*[14] 法廷闘争において弁護士たちが投げかける言葉は、表面的な事実の確認に終始するばかりで、父子の感情を完全に無視している。観客たちはテッドとビリーの感情こそが「本物」であることを感覚的に知っているが、詭弁《きべん》に支配された法律の場ではそれが認識されない。道徳性が誤認されることがメロドラマの大きな特徴のひとつであることは、すでに確認したとおりである。

父子の美しい日常を歪《ゆが》めて表象する法の醜さは、マーガレットが法廷で証言するシーンにおいて劇的な形で示されている。マーガレットはテッドのことを誰よりもよく知る友人であり、彼が良い父親に変身したことを理解しない他の登場人物たちとは違い、観客と視点を共有している人物だ。彼女は法廷で、ジョアンナに向かってこう語りかける。

「ジョアンナ、昔とはもう違うのよ。テッドは変わったわ。テッドとビリーは美しい……本当に美しいの」[*15]

ところが、マーガレットが述べる「美しい」という言葉の感傷的な響きは、彼女の話を遮ろうとする判事の叫び声と、彼が叩《たた》く小槌《こづち》のけたたましい音により、損なわれてしまう。ここでは判事の醜い言葉がマーガレットのみならず観客のメロドラマ的な感情移入を妨げているとも言えるし、あるいは逆に、その醜さこそがマーガレットの言葉の感傷性を際立たせているのかもしれない。

新自由主義の原動力となるのは、「個人の自由が公的な規制により脅かされている」という不安である。第二章の註6で述べたように、新自由主義は、実際には法や政府の権限を強化し、資本主義の体制をより強固にガードする役割を果たしている。ところが、イデオロギーとしての新自由主義はそのような複雑な現実を隠蔽し、単純化された「敵」への憤りを駆り立てるのだ。[*16]

『クレイマー』において父親の自由を阻害する「敵」として理解されるのは、法と女性である。裁判の判決がテッドにとって納得がいかないものであるのは、法が女性というグループに「特権」を与えるからだ。「女性が女性であるというだけの理由で、より良い親となるなんて法はありませんよね？」と述べるテッドの問いかけを無視し、裁判官たちは「私は母親なの――母親なのよ」と訴えるジョアンナに養育権を与える。

法や政府により特定のグループの利益が保護される一方でマジョリティである白人男性の権利が奪われるという不安は、20世紀後半以降のアメリカにおいて、保守派の言説を牽引《けんいん》してきた。[*17]その一方で、法はしばしば女性が中絶を受ける権利を侵害し、福祉費を受給する女性が他者からの庇護《ひご》を受けていないか監視する。そうした例からもわかるとおり、現実の世界においては法によりプライバシーを脅かされることが多いのは、むしろ女性だと言えるだろう。

ところが、この映画においてジェンダー間の力関係は逆転し、公的領域は女性というジェンダー化されたグループの権益を保持するための空間として位置づけられる。テッドが公的領域において辱めを受けるからこそ、私的領域における父子のイノセンスは際立つのである。[*18]

社会の不在と父親の孤立

福祉国家が崩壊するなか国家や自治体の庇護に頼ることなくひとりで息子を育てるテッドは、「自己責任」の理念を体現した新自由主義的な主体である。この映画の舞台であるニューヨークは、第二章で述べた新自由主義的な福祉改革の嚆矢《こうし》となった都市である。かつてのニューヨーク市は、アメリカのなかでは珍しく、充実した保育制度を提供していた。[*19] ところが70年代に入り市の財政が大幅に悪化すると、ニューヨークは「福祉国家の悪い点すべてを象徴した」都市として批判の矢面に立たされた。[*20]

急速な福祉改革の結果として、1976年までにニューヨーク市は77か所の保育園を閉鎖した。1万人近くの子どもがこの予算削減の影響を受けたという。[*21] では、テッドがひとりで子どもを育てなければいけないのは、中流階級の家庭が公的な保育サービスを使用できないという現実を反映しているのだろうか？ テッドは新自由主義的な福祉改革の被害者なのだろうか？

映画の原作となったエイヴリー・コーマンの小説のなかでは、テッドは保育園の「予算が切り詰められていて、施設もお粗末なものである」ことに不平をもらし、ビリーを幼稚園に通わせ、ベビーシッターを雇っている。[*22] 個々の家庭が新自由主義的な政策のつけを払っていることを小説版は明示しているが、興味深いことにその背景は映画版では完全にカットされている。

誰の助けも借りずに子育てをする父親を肯定的に描くことにより、この映画は「子育ては社会ではなく個人が行うべきもの」という新自由主義的な考え方を後押ししている。小説版においてビリーは日中ずっとシッターに預けられているし、ときにはテッドの家族や友人がビリーの世話をして、テッドのために時間を作っている。要するに、小説版のテッドは、映画版と違い、「ワンオペ」で子育てをしているわけではない。ところが、小説版に描かれた育児のネットワークの痕跡《こんせき》は、映画版においてはほとんど消去されているのだ。

英国で新自由主義的な政策を推進したマーガレット・サッチャーが、「社会などというものは存在しない……存在するのは個々の男女と家族だけである」と述べたことはよく知られている。[*23] 新自由主義的な世界観を見事に要約したこの言葉は、『クレイマー』にも当てはまる。この映画においては、（本当は存在するはずの）「社会」が存在しないからこそ、父親の頑張りがすべてであるように思われるのだ。

子育ては家族というユニットで完結するのだろうか？　父親が頑張りさえすれば、育児の問題は解決できるのだろうか？　父親の「ワンオペ」が美談になってしまうことの意味を、私たちは真剣に考えるべきなのだ。

人的資本としての育児と仕事

この映画を新自由主義という観点から分析するとき、もうひとつ興味深いのは仕事の位置づけである。一見すると、この映画において仕事は否定的な意味を帯びているように思われる。テッドの家庭が崩壊していたのは、「週7日、24時間君が必要だ」という時代錯誤的な上司の言葉に彼が忠実であったからだ。資本主義の忙《せわ》しないリズムに身を委ねるテッドは、子どもが自分の時間を持っていることを理解できない。

ところが、この映画において仕事の意味は大きく変化する。重要な転換点となるのは、映画の中盤でテッドが求職活動をするシークエンスである。家庭のことを考えすぎているという理由で勤めていた広告会社から解雇されたとき、裁判の関係上、彼は1日以内に仕事を見つけなければならない。ところがあいにくこの日はクリスマス休暇の前日で、仕事探しは難航する。けれども、テッドは諦めない。とうとう面接にたどり着いたとき、「後日返事します」と告げる採用担当者に対し、「これは1日限りのオファーです」とテッドは宣言し、その場で採用通知を受け取るのだ。

この場面では、資本と労働の関係が逆転している。ここで資本はもはや、企業が保有しているものではない。それは労働者が保有する、新自由主義の文脈のなかで「人的資本」と呼ばれるものである。第二章でも議論したが、人的資本とは平たく言えば労働者個人の能力に応じた能力資本だ。従来の資本主義のモデルでは企業が資本を有していると想定されていたのに対し、新自由主義のモデルにおいては企業ではなく個人が（金銭や株券ではなく）知識やスキルといった不定形の資本を有していることが前提となる。そして、そのような能力を持たない個人は、「自己責任」の名のもとに淘汰《とうた》されるのである。

人的資本を元手に転職活動を見事に成功させるテッドは、新自由主義の申し子であると言ってよい。哲学者のミシェル・フーコーの言葉を借りると、テッドは自己のリスクを管理する「自分自身の企業家」に変身するのである。テッドの時間がかつては企業の都合により管理されていたのとは対照的に、ここで彼は自らの時間と人的資本を一種の企業家としてコントロールしている。

メロドラマにおいて「言葉よりも雄弁なタブロー」が重要な意味を持つことはすでに論じたが、メロドラマは常に静的であるわけではない。むしろメロドラマにおいて静止したタブローは、「ペーソスとアクションの弁証法」を通じて生み出される。[*24] ペーソスに力点を置く映画もあれば（女性映画やファミリー・メロドラマ）、アクションに力点を置く映画もある（西部劇やアクション）が、いずれの場合でも、メロドラマにおいては静的な要素と動的な要素が対比されながら主人公の道徳性が示されていくのだ。[25]

『クレイマー』はどちらかと言えばペーソスに力点を置いた映画であるが、アクションの要素がアクセントになっていることも見逃されるべきではない。たとえば、ジャングルジムから落ちて大怪我《おおけが》をしたビリーを抱えたテッドが、赤信号を無視して車にはねられそうになりつつも病院に駆け込むシーン。ここで必死に走る父親の姿は、父子の日常の静的なイメージとは対照的である。まるで男性性を回復するかのように、このシーンではリスクを恐れずに即座に行動するテッドの勇敢さが強調されている。

前述した転職活動のシークエンスについても、同様のことが言える。仕事を失ったテッドは、自分からアクションを起こすことにより、男性性を回復するのだ。面接の結果を待つ間、クリスマス・パーティーに没頭した社員たちを横目に、テッドは面接室の外の椅子にひとりでじっと座っている。カメラは不安げな表情をしたテッドに焦点を当てるものの、大騒ぎをしながら彼の前を横切る社員たちによって観客の視点は遮られ、身動きをとれないテッドの男性性の欠如が際立つ。

テッドは屈辱的な状態に耐える一方で、まるでそれを埋め合わせるかのように、男らしさを取り戻す。彼は採用の知らせを聞くと、突然ひとりの女性社員のもとに歩み寄り、強引にキスをして「メリー・クリスマス」と言ってその場を立ち去るのだ。テッドのセクハラは、もちろんこの映画のなかで問題にされることはない。メロドラマ的な枠組みのなかで被害者として描かれている以上、テッドは加害者としては認識されないのである。自分のスキルを売り込む新たなタイプの男性（新自由主義的な主体）として生まれ変わることにより、テッドは男性的な特権を取り戻すのだ。

この映画が新自由主義的なライフスタイルの勝利を示しているのであれば、映画の隠れたクライマックスとなるのは、テッドがビリーと一緒に新しい職場を見にいくシーンである。テッドの新しいオフィスは高層ビルの最上階にあり、彼らはそこからマンハッタンの摩天楼を見下ろす。職場に子どもを連れてくる女性が仕事と家庭を混同しているという理由でしばしば批判されるのに対し、ここでは仕事と家庭の融合が祝福されている。

フーコーは「教育投資と呼ばれるもの、あるいは人的資本を構成するあらゆる要素は、単なる学校での学習や職業訓練よりもはるかに多様なものである」と述べている。*26 テッドはここで、ビリーをオフィスに連れていくことにより、子どもの人的資本に投資しているのではないだろうか。子どもの未来に惜しみなく投資するからこそ、テッドは良い父親に見えるのだ。

新自由主義の時代において、母親ではなく父親が道徳性を体現するのは偶然ではない。新自由主義は、「道徳性」の意味自体を変容させるのである。母性が道徳性を示す記号として機能するとき、その前提となるのは、母性が市場から隔離されていること（無償の愛）である。[*27]ところが、共働きが一般的となった新自由主義の時代においては、母性が市場から隔離されているという前提自体が疑わしい。すべての領域が経済的なものさしによって測られるのであれば、家庭もまた、そのようなものさしから自由ではないのである。

そのような世界のなかで父性が道徳性を示す記号となるのは、人的資本に投資する主体として父親が再定義されるからだ。専業主婦が一般的だった時代にあっては、育児は単調で苦痛な無給労働として理解された。それとは対照的に、新自由主義の時代においては、育児は未来への投資として再評価される。[*28]家族と道徳性は、新保守主義のみならず、新自由主義を理解するためにも重要な論点となるのである。新自由主義の時代において経済的な自立を個人に与えることが道徳性の証となるのであれば、家族はそれを実現するためのユニットとして（すなわち、福祉国家の代替物として）、再定義されるのだ。[*29]

白人のシングル・ファザーが好意的に描かれることは、「ウェルフェア・クイーン」がスティグマ化されることの裏返しであるとも言える。「税金を食い物にする」シングル・マザーの不吉な影がちらつくからこそ、国家や自治体の庇護に頼らずに自立し、新自由主義的な主体として生まれ変わるシングル・ファザーは輝いて見えるのだ。

新自由主義とビフォア・アフター

1990年以降、アメリカで流行したテレビ番組のジャンルに「リアリティTV」というものがある。日本でも、『テラスハウス』や『バチェラー・ジャパン』といった番組が近年人気を博した。ドキュメンタリーの手法を援用しつつ、日常的／極限的な状況における「現実」の人々の選択をドラマチックに描き出すのがこのジャンルの特徴である。

「リアリティTV」の重要なサブジャンルのひとつが、「自己改造」（メイクオーバー）ものである。*Queer Eye for the Straight Guy* や *What Not to Wear* といった番組が典型的であるが、これらの番組内では依頼人のライフスタイル（ファッションやインテリア、食事など）が専門家によって矯正される。ここで重要なのは、ビフォア／アフターの落差を強調するこれらの番組が、新自由主義と親和性が高いことである。[*30]

これらの番組において、ライフスタイルは単に個人の嗜好《しこう》であるというより、人的資本の一環として位置づけられる。「ビフォア」とは自己投資が欠如した状態であり、「アフター」とはそれが完了した状態なのだ。そのようなプロセスを通じて、「自己改造」ものは、依頼人のみならず視聴者にも自己監視的な視線を植え付ける。新自由主義的な世界を生き延びるために、社会ではなく、自己を変革せよ——それが、「自己改造」の文化のメッセージだ。

『クレイマー』は、そのような「自己改造」ものの先駆けとなっている。本章で論じてきたように、テッドという父親の「ビフォア」と「アフター」は、この映画のなかでドラマチックに示される。仕事中毒の父親から「イクメン」へ、会社員から「自分自身の企業家」へ。「自己改造」ものの文法を先取りして『クレイマー』が提示しているのは、ライフスタイルを改善することにより、個人のレベルでリスクを引き受け、問題を解決するヒーローである。

政治哲学者のウェンディ・ブラウンは新自由主義的な主体が本質的には男性的であることを議論したうえで、以下のように述べている。

「相変わらず女性が家の内と外であらゆる類のケアを供給する責任を負っているということが意味するのは（中略）女性が、自己投資するとみなされる人的資本の世界を持続している、目に見えない基盤であるということである」*31

女性が人的資本を増大させるための目に見えないインフラであり続けているというブラウンの認識は正しいが、ここで彼女は、家庭やケアといったものまでもが人的資本の一部となることを見落としていないだろうか。

要するに、新自由主義の時代において、家庭内労働というものは、人的資本への投資として位置づけられる「選択」としての育児と、人的資本を維持するための単純労働に二分化されるのだ。ブラウンの言うとおり、単純労働としてのケア労働は多くの場合（人種マイノリティの）女性によって担われているのだが、「選択」としての育児を担うのは、企業家的な精神を持った男性であるとみなされるのである。そして前者はダーティーなケア労働を担う「負け組」として、後者はクリーンな人的資本としての労働を担う「勝ち組」として表象される傾向がある。

父子の日常生活を克明に記録するこの映画は、家庭が自己投資の場となり、弱者のケアという以上の意味が付与されることを示唆している。社会学者の渋谷望《しぶやのぞむ》が述べているとおり、「父親の育児参加はケアワークというよりも、家族や子どもを資本とみなし、そこに投資するという、新自由主義的な人的資本論を体現した戦略の側面をもっている」のである。[*32]

新自由主義は自分自身の市場価値を高めるよう私たちに命令する。そして、ある種の労働者にとって、育児は自分自身の市場価値を下落させる要素ではなく、むしろ人的資本を増大させる鍵として理解される。育児が「不払い労働」（労働としてのケアワーク）でもあるという認識は、そこからすっぽりと抜け落ちてしまうのだ。

以上のような育児の意義の再定義は、子育てをする父親に焦点を当てた『クレイマー』以後のハリウッド映画にも引き継がれていると同時に、日本における「イクメン」についての言説にも通底している。そのことを、次章から改めて検討していきたい。

第五章　見えない父親
――『ミセス・ダウト』

『クレイマー』の興行的な成功を受け、1980－90年代のハリウッドは男性の育児を主題とする映画を量産した[*1]（図4）。それ以前も、チャールズ・チャップリン主演の『キッド』（チャールズ・チャップリン、1921年）、ジョン・ウェイン主演の『三人の名付親』（ジョン・フォード、1948年）をはじめとして、そのような主題には前例がなかったわけではない。けれども、男性の育児映画が短期間に量産されたという意味で、1980年代から90年代は非常に特殊な時代であったと言える。

図4にあるとおり、これらの映画の売り上げは概して好調であった。『ミスター・マム』（スタン・ドラゴッティ、1983年）、『スリーメン&ベビー』（レナード・ニモイ、1987年）、『ベイビー・トーク』（エイミー・ヘッカリング、1989年）、『バックマン家の人々』（ロン・ハワー

図4　男性の育児を主題としたハリウッド映画（1980-90年代）

年	タイトル	興行収入ランキング
1982	喝采の陰で	60位
1983	ミスター・マム	9位
1987	スリーメン&ベビー	1位
1987	赤ちゃん泥棒	51位
1989	ベイビー・トーク	4位
1989	バックマン家の人々	9位
1990	スリーメン&リトルレディ	15位
1990	ベイビー・トーク2	24位
1990	キンダガートン・コップ	10位
1993	ベイビー・トーク3	109位
1993	ミセス・ダウト	2位
1994	ジュニア	40位
1997	ファーザーズ・デイ	73位
1999	ビッグ・ダディ	7位

※年間興行収入はBox Office Mojoのデータを使用

ド、１９８９年）、『キンダガートン・コップ』（アイヴァン・ライトマン、１９９０年）、『ミセス・ダウト』（クリス・コロンバス、１９９３年）といった作品は、年間売り上げベスト10に入っている。

『クレイマー』が王道を行くメロドラマ映画であったのに対して、これら一連の映画はコメディに分類されることが多い。ところが、前章で確認したように、メロドラマとは「ハリウッド映画に共通する基本的なモード」である。したがって、これらの

『ミセス・ダウト』（1993年）　写真：AFLO

コメディ映画のなかにもメロドラマ的な要素は多分に含まれている。『クレイマー』の場合と同様に、これらの映画のなかでは子育てをする父親が「被害者」として描かれ、観客の感情移入を誘うのである。*2

本章では、コメディ（笑い）とメロドラマ（ペーソス、涙）というふたつの枠組みを参照しつつ『ミセス・ダウト』を分析する。また、その際に、1980－90年代のアメリカにおける父親をめぐる言説のなかにこの映画を位置づけ、新自由主義と家族の関係についてさらに理解を深めたい。

ここで、『ミセス・ダウト』のあらすじを簡潔にまとめておこう。ダニエル・ヒラード（ロビン・ウィリアムズ）は底抜けに陽気な父親で、息子や娘たちと遊ぶことを生きがいにしている。ところが妻であるミランダ（サリー・フィールド）は、家事や育児の責任を放棄する夫に愛想をつかし、離婚を選択する。

ミランダがすべての夢――やりがいのある専門職、3人の子どもとの幸せな家庭――を実現しているのに対し、ダニエルは映画の冒頭で声優の仕事をクビになり、子どもの養育権を失い、サンフランシスコの街を見下ろす美しい一軒家（＝ホーム）から追い出される。ダニエルには、ワークもなければライフもない。

裁判の結果を受け入れられないダニエルは、母親から子どもを取り戻すために一計を案じる。彼は「ミセス・ダウト」という名の老女に変装し、ミランダの家庭に家政婦として雇われるのだ。家政婦として働くうちに、ダニエルは徐々に家事や育児の腕を上げ、ミランダや子どもたちの信頼を勝ち取る。

だが結局、ダニエルのプランは破綻する。女装の事実が露呈した結果、養育権を求める彼の訴えは再び棄却されてしまうのだ。けれども、ミランダは裁判所の決定に反して、子どもたちが父親と一緒に生活することを許す。『クレイマー』と同様、この映画においても、最終的には母親が自分の誤りを認めるのである。

キャリア・ウーマンと父親の「セカンド・シフト」

『クレイマー』におけるジェンダー的な二項対立を流用したこの映画のなかで、子育てに目覚める父親は仕事を優先するキャリア・ウーマンと対比されている。「君は僕よりもキャリアを選んだ」と言ってミランダに不満をぶちまけるダニエルからは、フェミニズムに対する敵意が見え隠れするようだ。

図4に挙げた1980－90年代のハリウッド映画には、同様の傾向が顕著である。『ミスター・マム』や『スリーメン&ベビー』といった映画が好例であるが、これらの映画においては『クレイマー』と同様、ある日突然キャリア・ウーマンになる母親が家庭を捨てるために、父親が慣れない育児をひとりで担当する羽目になる。「良い父親」を描くためには、キャリア・ウーマンの「悪い母親」が存在しなければならないのだろうか？[*3]

社会学者のアーリー・ホックシールドが『セカンド・シフト』のなかで論じているとおり、共働きが一般的となった1980年代のアメリカ社会において育児の負担を一手に引き受けたのは、女性であった。[*4]男性が家庭の外で仕事に専念する一方、働く女性は育児という「もうひとつの」仕事をこなさなければならなかったのである。ところが、これらの映画はそのような家庭の力学を完全に無視している。ミランダが仕事に専念するのとは対照的に、ダニエル／ミセス・ダウトにとって、家事や育児は文字どおりの意味で「セカンド・シフト」なのだ。

『クレイマー』が男性解放運動の理念を（部分的にではあれ）体現した作品であったとすれば、『ミセス・ダウト』はより保守的な父親権運動（Fathers' Rights Movement）と共鳴しているように思われる。前章で説明したとおり、20世紀後半のアメリカにおいて男性解放運動は男性権運動に吸収されていくのだが、そこから派生する形で生まれたのが父親権運動である。「父親の権利」を擁護することを目的としたこの運動が抗議したのは、養育権をめぐる裁判のなかで母親が優遇されることである。「女性が支配する法によって家庭という聖域が侵されている」という父親権運動の主張は、『ミセス・ダウト』において裏書きされているかのようだ。[*5]

興味深いことに、日本の雑誌によるインタビューのなかで、ロビン・ウィリアムズはこのように述べている。

「アメリカでは離婚した父の〝子供に会う権利を語ろう〟というグループもできて、法律を変えようとする動きもある。今は男に不利だから」[*6]

ウィリアムズは主演俳優であるというばかりでなく、プロデューサーとしてこの映画を「脚本段階から、自分が納得できるまで手直しした」のだと言う。[*7]その彼が公的な場で父親権運動の意義を代弁しているのだから、『ミセス・ダウト』において父親が被害者として描かれているのは無理もない。
ここで付け加えておくと、日本の雑誌における『ミセス・ダウト』のレビューの大部分は、男性が被害者であるという前提を無批判に受け入れている。たとえば、『週刊朝日』の記事はこのような具合である。

優秀な米映画は、日本のライフスタイルの五〜十年後を先取りしているものが多い（といわれている）。かつて「クレイマー、クレイマー」を見たときにだれもまさか（日本が）あんなふうになるとは思わなかったが、いまでは日本の男どもは軟弱総クレイマー状態。その伝からいえば、この「ミセス・ダウト」は日本の？年後の未来図。夫より妻のほうが収入が上になり、妻の主導権でもってある日突然（愛情豊かに）離婚が宣言され、子供の養育権も（愛情豊かに）剝奪される。子供と会いたい夫はナサケナイことに女装して家政婦となり、かつての自宅に忍び込んでいくしかないのである。*8

『クレイマー』を引き合いに出したこのレビューにおいても、「ことジェンダーに関しては、日本はアメリカよりも遅れている」という言説が確認できる。筆者は「ナサケナイ」父親にそこまで感情移入していないようではあるが、女性が男性よりも力を持つことへの不安感や苛立《いらだ》ちはひしひしと伝わってくる。

あるいは、別のレビューのなかにはこのような一節が確認できる。

「離婚するとな、男は女に徹底的に絞り取られるんだよ。金、家、子供、そして、それからは毎月、女に養育費を支払わなければならない。アメリカでは、女が離婚を2回以上すると大金持ちになるという。女の権利だ、自立だ、仕事のできる女だといっても、女は都合のいい時だけ『弱い女』になって、取れる物は取れるだけ盗《と》っていくぞ」[*9]

もちろん、日本のすべての視聴者が、このレビューを書いた筆者のように男性の特権が脅かされることを不安に感じていたわけではない。だが、少なくとも、一部の男性視聴者がそのような保守的なメッセージを映画から受け取り、マスメディアを通じてそのようなメッセージを拡散したことは間違いないようである。

『クレイマー』や『ミセス・ダウト』のような映画から何も学ばなかったから、日本社会は「遅れて」いるのだろうか？　それとも、私たちの社会がなかなか変わらないのは、そのような映画から間違ったメッセージを受け取ってきたからなのだろうか？

メロドラマとしての『ミセス・ダウト』

『ミセス・ダウト』と『クレイマー』の共通点は、他にもある。『ミセス・ダウト』においては、冒頭と結末に置かれたふたつの法廷のシーンによってメロドラマ的な枠組みが規定されている。これらのシーンにおいては、『クレイマー』と同様に、養育権を奪われる父親がイノセントな被害者として位置づけられるのだ。

最後の法廷シーンで、ダニエルはこのように訴える。

「私は心の底から子どもたちのことを愛しています。もし子どもたちと一緒にいられないのであれば、それは私に息をするなと言うのと同じです。私は息をしなければ生きていけませんし、子どもがいなくても生きていくことはできません」

ダニエルのメロドラマ的なレトリックは、「理性的な議論や熟考」ではなく、「直感的な感覚の産物」であるために、観客の心を打つ。*10 ところが、その言葉が「才能に恵まれた俳優による巧みな演技」であると主張する判事は、ダニエルの感情を曲解している。前章でも議論したとおり、公的領域において他の登場人物によって誤解されるからこそ、私的領域における父親の道徳性は輝いて見えるのだ。

こうした法廷シーンが誘発するのは、涙や苦しみといったメロドラマ的な感情だ。そして、そうした感情を通じて強調されるのは、父親のイノセンスであり道徳性である。『ミセス・ダウト』においてふたつの法廷シーンは、ダニエルが女装してさまざまな騒動を起こす部分を挟み込むような形になっている。法廷のシーンにおいて子どもから引き離される父親の切ない感情が強調されるからこそ、荒唐無稽な女装の場面にもペーソスが生じるのだ。

ダニエルが女装している姿からは、一種の哀愁が感じられる。子どもたちに会うために、彼は自分の本当の声を殺し続けなければならない。ミセス・ダウトはいつも愉快だが、彼女が甲高い声で饒舌《じようぜつ》に話せば話すほど、父親としての沈黙は逆に際立つことになる。

たとえば、子どもたちがミセス・ダウトに「父さんがいればいいのに」と言い捨てて去っていくとき、ダニエルは無力である。彼にできるのは、「父さんはここにいるよ……違う形で」と、子どもたちに聞こえないようにつぶやくことだけだ。素の低い声に戻ったダニエルがもらす本音がペーソスに満ちているのは、それが観客にしか聞こえないためである。自分が愛情を注いでいる子どもたちにその愛情が伝わらないというメロドラマ的なすれ違いが、観客の感情移入を誘うのだ。[*11]

1990年代のアメリカにおける「父親の不在」

『ミセス・ダウト』はコメディ映画であるから、メロドラマ的な側面だけに目を向けていたのではは不十分である。以下ではこの映画における笑いの要素について考察を深めるが、その議論の準備として、ここではジェンダーや階級、人種といった要素に目を配りつつ、1990年代における「アメリカの父親」に関する政治的な言説を概観しておきたい。

第二章で論じたとおり、1990年代の新自由主義的な福祉改革のなかで槍玉《やりだま》に挙げられたのは「父親の不在」であった。1992年の大統領選挙戦のさなか、当時ブッシュ政権の副大統領だったダン・クエイルは「福祉制度を解体し、家庭の崩壊を食い止める」ことが急務であると訴えた。このスピーチのなかで特に議論を呼んだのは、クエイルが当時人気だった『TVキャスター　マーフィー・ブラウン』というTVドラマに言及した部分である。

このドラマの主人公であるマーフィー・ブラウンはTVキャスターとして働くバツイチのシングル・マザー。そんな彼女を名指しして、「プライムタイムのテレビドラマでは、知的で裕福なエリート女性がひとりで子どもを産んで父親の重要性をあざけり、それをライフスタイルの選択のひとつと称している」とクエイルは述べたのである。[*12] このスピーチはただちに大きな物議を醸したが、そのこと自体が当時のアメリカ社会における父親というトピックの重要性を物語っている（また、このエピソードからは、アメリカにおける政治と文化の距離の近さもよくわかる）。

クエイルのスピーチに追随するかのように、この時代には無責任な父親（デッドビート・ダッド）を危険視する言説が党派の枠組みを越えて影響力を増していった。クエイルは共和党の副大統領であったが、彼のスピーチをのちに肯定し「結婚したカップルのもとに子どもが誕生すれば、アメリカ社会は良くなる」と述べたのは、1993年に大統領に就任した民主党のクリントンであった。[*13]「父親の不在」を問題視したクリントン政権が大胆な福祉改革を実行したことは、第二章で説明したとおりである。[*14]

少し話が逸《そ》れてしまうが、大統領の任期中にクリントンはロビン・ウィリアムズを大統領が主催した各種イベントに招待している。クリントンのお礼状からは、そうしたイベントにおけるウィリアムズのパフォーマンス（ウィリアムズはもともと、スタンダップ・コメディアンである）に対して、大統領が深く感謝していることがうかがえる。[*15]『ミセス・ダウト』をはじめとする多くの人気映画（『ガープの世界』、『フック』など）においてウィリアムズが子煩悩な父親という役割を演じていたことを考慮に入れれば、「父親の責任」を強調したいクリントン政権にとって、そうしたイメージを持つウィリアムズは格好の宣伝塔であったとも考えられるはずである。[*16]

それはさておき、この時代に再燃した「父親の不在」を嘆く言説のなかでも特に重要なのが、1993年に政治学者のチャールズ・マレーが『ウォール・ストリート・ジャーナル』に寄稿した"The Coming White Underclass"というエッセイである。マレーは、人種とIQには相関関係があると論じて物議を醸した *The Bell Curve* という著書で知られる右派の論客である。彼はこのエッセイにおいて家族こそがアメリカにおけるすべての社会問題の核心にあるのだと主張し、低所得者層における婚外子の増加を嘆いた。

「婚外子の問題は現代の全ての社会問題の中でも群を抜いて重要なものである。犯罪、ドラッグ、貧困、教育、福祉、ホームレス。これら全ての問題を左右するのが婚外子なのだ」[*17]

マレーの議論は、黒人の家庭における婚外子の多さを問題視したモイニハン・レポート（1965年）の伝統に基づいている。けれども、このエッセイのなかでマレーが警鐘を鳴らしたのは、黒人のみならず、低学歴の白人の家庭で婚外子の割合が急速に増加していることであった。核家族の規範が揺らぎ、「白人のアンダークラス」が出現しつつあることを嘆いたマレーのエッセイは、このように締めくくられている。

「比較的少数のマイノリティに婚外子という病が蔓延《まんえん》しているだけなら、アメリカ社会は生き残れる。ただしそれが白人に蔓延し始めれば、アメリカ社会は亡びる」[*18]

白人が「婚外子という病」に感染し「アンダークラス」に転落しつつあるという不安が、マレーをはじめとする保守派を突き動かしていたのである。

白人男性の特権としての不可視性

マレーのエッセイが発表されてから約1か月後に公開された『ミセス・ダウト』の駆動力となっているのも、同種の不安である。中流階級の白人男性を主人公としたこの映画においては、家庭（ホーム）を失うことと、「アンダークラス」に転落すること（白人男性にとってアメリカが故郷すなわち「ホーム」でなくなること）の不安が分かち難く結びつけられている。ダニエルは、「アンダークラスの無責任な父親」というレッテルを剝がさなければいけない。

前章で紹介した概念をここで再び用いると、『ミセス・ダウト』とは、白人中流階級の父親の自己改造（メイクオーバー）を主題とした映画であると言える。家庭を失いかけ、「アンダークラス」に転落しつつある男性が別居をきっかけにライフスタイルを一新し、中流階級の父親として帰還するというのがこの映画の大きな流れである。*19

たとえば、別居を始めたダニエルのアパートを子どもたちがはじめて訪れるシーン。「父さんの新しい家をどう思う？」という問いに対して、長女であるリディアはただ一言「最低」と答える。主人公となる人物が家族の一員から致命的な欠点をズバッと指摘され、その屈辱に耐えるというのは、メイクオーバーもののリアリティＴＶによくある始まり方である。[*20]

このシーンの冒頭でカメラがクローズアップでとらえるのは、雑多なモノにあふれたダニエルの部屋だ。野球のグローブやトロフィー、本などがランダムに詰め込まれた段ボール箱、食べかけのまま放置された食事、床に散らかった袋……エレガントで清潔なミランダの家（彼女の職業はインテリア・デザイナーである）との対比を否応《いやおう》なく想起させるこれらのイメージは、「ホーム」から追放されたダニエルが中流階級から転落しつつあることを手際よく示している。『ミセス・ダウト』において、ダニエルのライフスタイルは他者に監視される対象となる。新自由主義の原理が支配する世界においてライフスタイルを監視されているのは、多くの場合シングル・マザーである。父親やボーイフレンドは同居していないか、仕事がなくても常に怠けず求職活動を続けているか――。（特に人種マイノリティの）女性たちが福祉費を受給するためには、そうした質問を避けては通れない。ところがダニエルは白人男性であるにもかかわらず、この映画のなかで自分のプライバシーを詮索される。ダニエルにとって、「見られる」ことは、白人男性としての特権を失うことなのだ。

リチャード・ダイアーをはじめとする多くの映画研究者が議論しているように、白人性

（whiteness）というカテゴリーは「見えない」ことによってその権力を維持してきた。[*21] 人種問題とは「黒人」や「アジア系」といったマイノリティの話である――そのような前提の裏側には、白人こそが「規範」であり「普通」のアメリカ人であるという考え方が潜んでいる。白人性が人種のカテゴリーから除外され不可視化されることにより、白人の文化は「アメリカ人」の（あるいは「人間」の）文化として普遍化される。その一方で、黒人やラテン系、アジア系といった人種は「特殊な」カテゴリーであるとみなされ、警戒の対象となる。「無秩序で非合理的な」黒人というステレオタイプ的なイメージが再生産され続けるからこそ、白人性は「秩序や合理性」を体現した規範として機能するのである。[*22]

白人男性が他者から「見られる」ことの不安を体現しているのが、ソーシャル・ワーカーであるミセス・セルナーがダニエルのアパートを訪問するシークエンスだ。このシークエンスではダニエルの散らかった部屋が、ミディアム・ロングショットで映し出される――あたかも、部屋の細部に目を配り、メモをとるミセス・セルナーを視覚的に助けるかのように。

ダニエルがいくらジョークを言っても微笑だにしないミセス・セルナーは、感情を持たず融通のきかない「法」を体現しているかのようである。そんな彼女にライフスタイルを精査されることは、ダニエルにとって恐怖でしかない。中流階級から転落しつつある自分は、父親失格の烙印《らくいん》を押されて子どもから引き離されないだろうか？　女装の事実がミセス・セルナーにばれたらどうなるだろう？　昔の自分（中流階級の父親）と今の自分（女装した低収入の男性）のギャップを自覚しているからこそ、ダニエルは他者から見られることを恥じ、恐れるのである。

逆に言えば、『ミセス・ダウト』における女装とは、白人男性というアイデンティティーを再び不可視化するための「鎧《よろい》」であると言えるかもしれない。ダニエルは老女に変装している間、自分のライフスタイルが白人的であり、男性性の規範から逸脱していないか（自分が白人の「父親」として相応《ふさわ》しいかどうか）詮索されずに済むのである。

力としての「笑い」

ダニエルのアパートにおける上記のシークエンスで、ダニエルの白人男性としてのプライドはさらに傷つけられることになる。彼はミセス・ダウトに変装する瞬間を隣のアパートに住むアジア系の少年（少女？）たちに目撃される。性別のはっきりしない彼ら／彼女たちに笑いものにされ、「変態」（sick）とまで言われるのは、ダニエルにとってはとても屈辱的なことだ。

ここでは白人男性であるダニエルがそれまで自明視してきた境界線――白人と人種マイノリティ、男性とＬＧＢＴＱ、大人と子ども――が、さまざまな意味で揺らいでいる。自分がそれまで見下してきた他者にライフスタイルを覗《のぞ》き見られたうえに「変態」扱いされるのだから、ダニエルにとって都会のアパートは心地よい場所（ホーム）ではありえない。

白人男性としての特権を失ったダニエルは、映画のなかで嘲笑の対象となる。けれども、ダニエルは自分の「本当の姿」を知らない他者をあざ笑うことで、力を取り戻す。このシークエンスの最後の部分でミセス・ダウトの仮面を失ったダニエルは、窮余の策として冷蔵庫のなかにあったケーキのなかに顔を埋め、ミセス・セルナーの前に現れる。ここでは「顔面ケーキ」のジョークを理解できずに「メレンゲのパックは肌の美容によい」というダニエルの言い分を真に受けるミセス・セルナーが、物事の表面しか見ることができない「法」と重ね合わせられている。ケーキのクリームをこっそりと顔に塗るミセス・セルナーのカットでこのシークエンスが締めくくられるとき、白人男性は他者を嘲笑する力を取り戻し、溜飲《りゅういん》を下げるのだ。

他者をあざ笑うために、ダニエルは人種・性的なステレオタイプを縦横無尽に演じ分ける。たとえば、家政婦を募集するミランダにダニエルは何度もいたずら電話をかけ、家事労働者の市場は危険に満ちているという偏見を植え付ける。「自分がかつて男性だったので男の子の世話はできない」と宣言するトランスジェンダーの女性、英語を理解しないメキシコ系の移民女性……ダニエルはそうした露骨なステレオタイプを演じつつ、〈貞淑な白人女性の仮面をかぶった）白人中流階級の男性だけがミランダの家庭を守れるのだと示唆する。『クレイマー』において父親の美徳が沈黙によって強調されているのとは対照的に、声優であるダニエルはその声を抑圧されながらも、決して黙らない。

ここで付け加えておくと、『ミセス・ダウト』において提示されているジェンダー観は極めて保守的である。哲学者のジュディス・バトラーは『トッツィー』や『お熱いのがお好き』といった女装映画を評して「極めてヘテロな娯楽としてのドラァグ」と述べているが、『ミセス・ダウト』もそのような映画の系譜に連なる作品である。[*23] ダニエルは女装する一方で、上記のいたずら電話のシーンなどから明らかなように、トランスジェンダーやトランスベスタイト（異性装者）に対する偏見を隠そうとしない。そうした人々を「性倒錯者」（deviant）と呼ぶダニエルは、同じレッテルを貼られることを何よりも恐れている。

ミセス・ダウトというキャラクターには、ダニエル自身の古風な女性観も反映されている。キャリア・ウーマンとして家庭よりも仕事を優先するミランダとは対照的に、ミセス・ダウトは子どもの世話をすることを生きがいとしている。また、元カレであるスチューと徐々によりを戻すミランダに対して、ミセス・ダウトは「生涯独身」を貫き、男性とは一切関係を持たないように助言する。要するに、ミセス・ダウトは貞淑な良妻賢母という家父長制の理想を体現したような女性なのだ。

女装したダニエルは、女性の身体を持って生きることの苦労を生まれてはじめて実感する。ハイヒールを履いて歩きまわることがどれだけ大変か、中年男性から唐突に性的な視線を向けられることがどれだけ恐《こわ》く煩わしいか……。その意味で、この映画は男性中心的な社会のなかで生きる女性の苦悩を理解しようとする姿勢を部分的には示している。

ところが、ダニエルが女性に感情移入できるのは、彼女たちが「飼いならされている」(domesticated＝家庭の領域にとどまっている) 限りにおいてである。ミランダやミセス・セルナーといった公的領域を「侵食する」女性に対して、ダニエルは敵対心を隠そうとしない。

ダニエルは一見すると「進んでいる」父親であるように見えるかもしれないが、その背後に隠されているのは、母親が自己献身的であることを求め、ＬＧＢＴＱの父親を認めない旧態依然としたジェンダー観である。

この点に関して興味深いのが、２０２１年からブロードウェイで上演されているミュージカル版『ミセス・ダウト』である。このリメイク自体が『ミセス・ダウト』の根強い人気の証拠であると言うことは可能だ。けれども、ニューヨークタイムズの劇評が指摘するとおり、原作における「トランス嫌悪」や「男性中心的」な傾向は、２０２０年代のアメリカにおいては受け入れ難い設定である。[24]この劇評によれば、ブロードウェイ版『ミセス・ダウト』は、ゲイの登場人物が活躍する時間を増やしたり、ミランダのフェミニスト的な側面をより強調したりすることで、そのような限界を乗り越えようとしつつ、（やはり設定に無理があるために）失敗しているのだと言う。

ロビン・ウィリアムズの演技は、何度見ても素晴らしい。映画を見返していると、思わず笑ってしまうシーンはたくさんある。けれども、それらは本当に「笑える」シーンなのだろうか。誰の視点から見ると、この映画は「笑えない」のだろうか。そんなことを考えながら視聴すると、この映画が少し違った形で見えてくるかもしれない。

「自分自身の企業家」としてのミセス・ダウト

『クレイマー』と同様、『ミセス・ダウト』における育児は新自由主義的な価値観のなかで評価され、意味づけられている。テッド・クレイマーが人的資本に投資する新しいタイプの労働者になるように、ダニエルは「自分自身の企業家」として生まれ変わるのだ。

声優としての仕事を失ったダニエルは、TVスタジオで新しい職を得る。ここでダニエルは上司の命令に従い、映画フィルムをひたすら段ボールに詰めて発送する。前職と違い、この仕事にはダニエルが求めていた創造性はまったく存在しない。そのような単純労働は、ダニエルの男性としてのプライドを傷つける。中流から転落するのではないかという不安は増幅するばかりだ。

けれども、ダニエルの不安は、ミセス・ダウトというキャラクターを商品化することで解消される。ダニエルがTV局の社長と懇意になった結果、ミセス・ダウトは子ども向けの教育番組のホステスとして抜擢《ばってき》されるのだ。映画を段ボールに詰めて送ることは他の労働者にもできるが（ビフォア）、ミセス・ダウトを演じることはダニエルにしかできない（アフター）。

社会学者のリチャード・フロリダの言葉を借りれば、新自由主義の時代において重用されるのは、人的資本を元手にして新たな価値観を創出することのできる「クリエイティブ・クラス」の労働者である。[*25] ミセス・ダウトは硬直化した既存の教育を改革し、娯楽と教育のハイブリッドのような新しい番組を作り上げる。子どもたちを楽しませながら彼らの文化資本を育むダニエルは、ある意味では教育系 YouTuber のはしりであるとさえ言えるかもしれない。

白人中流階級の父親が「クリエイティブ・クラス」の一員としての地位を取り戻すのに対し、エッセンシャル・ワーカーとしてケアの仕事を担う移民女性は、映画のなかでスティグマ化されている（移民女性＝英語を話せない家政婦というステレオタイプ）。

アメリカにおいてケア労働の大部分を担ってきたのは、有色人種の女性である。安価なケア労働者として有色人種の女性を搾取するというシステムは、それこそ奴隷制の時代から現代にいたるまでアメリカの爆発的な経済成長を裏側から支えてきた。そして、現代のアメリカでも多くの家庭において、ナニーや家政婦としてケア労働を担っているのは移民女性の労働者だ。彼女たちの多くは故郷の国に残した家族を犠牲にして、中・上流階級の家庭の家事や育児を低賃金で引き受けている。[*26]

対照的に、白人男性であるダニエルは、自分の子どもたちの世話をしながら家政婦として給与を受け取っている。母親の家事や育児が通常「不払い労働」として位置づけられることを考えれば、ダニエルの選択は画期的であるとさえ言えるかもしれない。要するに、この映画は家父長制の矛盾を照射する一方で、現実世界では不可能なやり方でそれを解決しているのである。ミセス・ダウトの家事や育児からは労働という要素が排除されると同時に、その創造性が強調されている。たとえばダニエルが軽快に踊りながら掃除機をかけるシーンでは、再生産労働があたかも楽しいものであるかのように描かれているのだ。

もちろん、家事や育児に楽しい側面が存在しないわけではない。けれども、それはときに「しんどい」ものでもあるはずだ。社会学者の上野千鶴子が述べているように、「ともすれば

『よきもの』とされるケアは、ケアする側にとってもケアされる側にとっても、できれば避けたい負担、重荷、やっかいごとととらえられることもある」ことを忘れてはいけない。[*27] 育児はクリエイティブで楽しい、育児をする男性は仕事でも成功する——父親を主人公にした育児映画の多くに共通するそのような前提を、私たちは問い直す必要があるのではないだろうか。

第六章　黒人の父親と能力主義
――『幸せのちから』

第四章と第五章で議論したように、20世紀後半のハリウッド映画において仕事と育児を両立させる理想的な男性として描かれていたのは、白人の父親だった。ウェルフェア・クイーンやデッドビート・ダッドといった人種的なステレオタイプとの差異を匂わせつつ、これらの映画は新自由主義の時代における白人の父親の道徳性を強調したのである。

ここで、改めて前章に記載したリスト（図4、95ページ）を見直してみよう。人種という要素に注目すると、驚くべきことにこれらの映画の主人公はすべて白人の男性である。現実のアメリカ社会においては、人種マイノリティの父親も積極的に育児を行ってきた。[*1] ところが、20世紀後半のハリウッド映画はそのような現実から目を背け、「良い父親」とは白人中流階級の父親であるという幻想を作り上げたのだ。

図5　男性の育児を主題としたハリウッド映画（2000年以降）

年	タイトル	興行収入ランキング
2001	アイ・アム・サム	61位
2003	チャーリーと14人のキッズ	26位
2003	12人のパパ	10位
2004	マイ・ベイビーズ・ダディ	113位
2006	幸せのちから	10位
2009	オールド・ドッグ	62位
2012	チョコレート・ドーナツ	200位未満
2019	マリッジ・ストーリー	Netflixによる配信
2021	ファザーフッド	同上

※年間興行収入はBox Office Mojoのデータを使用

２０００年以降のハリウッド映画は、一見するとそのような流れからは一線を画しているように思える。上のリスト（図５）を前章のリストと比べてみると、いくつかのことがわかる。

まず、興行収入の順位は全体的に低くなっている。むしろ１９８０年代から90年代の父親育児映画の人気が異常だったのかもしれないが、２０００年以降の映画シーンにおいて、父親の子育てをテーマにした作品が一時の勢いを取り戻すことはなかった。

また、１９８０年代から90年代の父親育児映画のほとんどがコメディであったのに比べると、２０００年以降の作品にはよりシリアスなものが多い（『アイ・アム・サム』、『幸せのちから』、『チョコレート・ドーナツ』、『マリッジ・ストーリー』、『ファザーフッド』)。さらに目立つのは、これらの作品において黒人の父親が主人公であることが多いことだ(『チャーリーと14人のキッズ』、『マイ・ベイビーズ・ダディ』、『幸せのちから』、『ファザーフッド』)。2000年以前の作品が例外なく白人の父親を主人公としていたことをふまえると、この変化は極めて興味深い。

本章では、以上のような傾向をふまえつつ、『幸せのちから』(ガブリエレ・ムッチーノ、2006年)を分析する。「ホームレスから億万長者に」というキャッチコピーのとおり、この映画は貧困から這《は》い上がり投資家として成功を収める黒人男性に焦点を当てている。シングル・ファザーとして育児の責任を一身に背負いながら大富豪になるクリス・ガードナー(ウィル・スミス)の姿は、一見するとデッドビート・ダッドというステレオタイプの対極に位置しているように感じられるかもしれない。

ところが逆に、この映画はアメリカ社会に根強く残る人種観を再生産しているとも考えられる。「黒人がいつまで経っても貧困から抜け出せないのは、父親不在の家庭に原因がある」というステレオタイプが新自由主義というイデオロギーのなかで重要な役割を果たしているのであれば、この映画において示されるのは、そのようなイメージの裏返しである。クリスは黒人社会のなかで例外的な存在である(黒人のライフスタイルを捨てて白人社会に「同化」した)からこそ成功したのだ——そんなメッセージが、この映画には隠されていないだろうか。

黒人の共同体から抜け出してひとり成功を収める父親を美しく描くこのメロドラマ映画は、新自由主義的な格差社会の原理を批判することはない。アメリカン・ドリームを称賛するこの映画において、構造的な人種問題は最終的には不可視化されてしまうのだ。

アメリカン・ドリームとは、アメリカではどんなに貧しい家庭に生まれても、努力さえすれば必ず成功するという信条である。ただし、アメリカという国を定義づける重要な特徴として建国以来重視されてきたこの概念は、現実とはかけ離れており、むしろ幻想に近い。他の先進国と比べると、アメリカでは階級の流動性（ある人の階級がその親の階級とは違ったものになる割合）が極めて低いことが知られている。*2

新自由主義の時代にそのような幻想はどのようにして再強化されるのか、人種の要素はアメリカン・ドリームとどのように関係しているのか。以下ではそうしたことを議論しつつ、『幸せのちから』が提示する黒人の父親像について理解を深めたい。

「多様性」と母親

『幸せのちから』は、実話に基づいた映画である。クリス・ガードナーは骨密度のスキャナー

『幸せのちから』（2006年）　写真：Album/アフロ

を病院に売り込むセールスマンであり、ひとり息子のクリストファー（ジェイデン・スミス）を保育園に送迎する良い父親でもある。[*3] けれども、スキャナーの売り上げが芳しくないために、クリスたちの生活は極めて厳しい。家計を一手に支える妻のリンダ（タンディ・ニュートン）は、クリーニング工場で朝から晩まで働いている。

生活の苦しさに耐え切れず、リンダは息子を連れて突然家を出てしまう。クリスはすぐに息子を取り戻し、同時に大手株式投資会社のインターンとして無給で働き始める。ところがある日、彼は滞納していた税金が口座から強制的に引き落とされたために家賃を払えなくなり、家を失ってしまう。

ホームレスとなった父子は、駅のトイレや簡易宿泊所を転々として、なんとかその日暮らしを続ける。けれども、クリスは投資家となる夢を諦めない。厳しい生活のなかで勉強を続けたクリスは、難関の採用試験を突破し、ついに正社員として採用されるのである。サンフランシスコの街を見下ろす高級住宅地の一角でカメオ出演した原作者のガードナーとクリスたち父子がすれ違うシーンで、映画は幕を閉じている。

『クレイマー』や『ミセス・ダウト』とは違い、『幸せのちから』においてクリスははじめから子育てにしっかりとコミットしている。けれども、この映画においても、女性は子どもを捨てる「悪い母親」としてスティグマ化されてしまう。常に情緒不安定で不機嫌な母親のリンダは、苦境のなかでも「幸せ」であろうと努力する父親の引き立て役でしかない。メロドラマ的な善と悪の構図は、この映画にも共通しているのである。

同様に、『アイ・アム・サム』（ジェシー・ネルソン、2001年）や『チョコレート・ドーナツ』（トラヴィス・ファイン、2012年）といった多様性（障がい、同性愛）をテーマとした映画においても、シングル・マザーは明確にスティグマ化されている。たとえば『チョコレート・ドーナツ』においてダウン症の息子の育児を放棄するのは、薬物中毒のシングル・マザーである。捨てられた子どもを自発的に養育するゲイのカップルは同性愛者に対する偏見ゆえに苦しみ続けるのだが、その一方でこの映画はメロドラマ的な枠組みのなかで、彼らを無垢《むく》な被害者として美しく描いている。

けれども、見方を変えれば、この場合に支援やケアが必要なのは、薬物中毒と貧困のサイクルから抜け出すことができない母親でもあるのではないだろうか？　この映画においてはホモフォビア（同性愛嫌悪）が「非合理的で、フェアではない」ことが強調される一方で、ミソジニー（女性嫌悪）という前提が疑われることはない。*4 子どもをケアする男性たちは、支援を必要としている女性たちを「ケア」することはできないのだろうか？　これらの映画が前提としているメロドラマ的な善と悪の二分法を、私たちは問い直す必要があるはずだ。

トランプ、オバマ、アメリカン・ドリーム

話を『幸せのちから』に戻そう。上昇志向を持たないリンダとは対照的に、クリスは自己改造（メイクオーバー）によって道を切り拓《ひら》く。競争原理に支配された株式投資の世界でアメリカン・ドリームを実現するクリスは、新自由主義の申し子のような存在である。

大学を卒業していないクリスが名門の株式投資会社でインターンとして採用されるきっかけとなったのは、彼が上司のルービック・キューブを瞬く間に完成させたことであった。ここでルービック・キューブは、クリスの「地頭の良さ」――いわば、彼が所持する人的資本の価値

を体現している。事実、クリスがはじめてルービック・キューブを揃《そろ》えるシーンでは、その背後に「連邦予算が制御不能であり、福祉費用を大幅に削減しなくてはならない」と訴えるレーガン大統領の演説が映し出されている。「政府は低所得者の面倒を見られないのだから、自分で成功をつかみ取るしかない」という新自由主義的な価値観が、この映画の出発点なのだ。

半年無給で働かされたのちに20人いるインターンのうちひとりだけが本採用されるという『幸せのちから』の設定は、「無理ゲー」であるように思えるかもしれない。*5 けれども、そのような設定は21世紀初頭の新自由主義的なアメリカ文化においてはさほど珍しいものではない。たとえば、ドナルド・トランプ主演のリアリティTV『アプレンティス』（2004－2017年）を考えてみよう。

トランプ人気を確固たるものにしたこのリアリティTVにおいては、十数人の参加者たちがふたつのチームに分けられ、毎週何らかのビジネス（レモネードの売り上げを競う、など）に一種の「企業家」として挑戦する。成績が悪かったチームのなかから毎週ひとりずつが「クビ」になり、最後に残ったひとりが「見習い」（アプレンティス）として25万ドルの給与を保証され、トランプの会社に雇用される。新自由主義的な競争社会の縮図とも言えるこの番組は、トランプの「お前はクビだ！」（"You're Fired!"）という決め台詞とともに大きな話題を呼んだ。トランプの大統領就任を可能にしたのは、この番組の爆発的な人気であったと言っても過言ではない。[*6] 新自由主義的な競争社会のなかでトップに立つ有能なビジネスマンというイメージが、彼の当選を後押ししたのである。

『幸せのちから』においては『アプレンティス』と同様に、個人の才覚で道を切り拓く企業家的な主体が、リアリティTV的なビフォア／アフターの枠組みのなかで理想化されている。けれども、『幸せのちから』におけるアメリカン・ドリームの礼賛は、より直接的にはトランプの前任者であるバラク・オバマのことを想起させるかもしれない。この映画が公開された2年後の2008年に大統領に当選したオバマのモットーは、「ここは、どんな見た目であろうと、出自がどうであろうと、懸命に学び、働く気があれば、才能の許すかぎり前進できる国です。やればできるのです」という言葉であった。[*7]

もちろん、アメリカン・ドリームの理念がオバマの専売特許であるわけではない。けれども、能力主義（メリトクラシー）の弊害を論じた『実力も運のうち』のなかでマイケル・サンデルが指摘しているように、オバマは大統領在任中にこの類いの表現を計50回使用しており、その使用頻度は他の大統領と比べると群を抜いて多い。[*8] オバマが目指していたのは、（たとえば人種差別などの「ハンデ」をなくして）全員が同じスタートラインから競争を始められるような仕組みを整えることであり、競争社会という原則そのものを問い直すことではなかったのである。[*9]
『幸せのちから』のなかで、クリスは学歴と人種という二重の偏見を克服しなくてはならない。インターンの職場において、クリスは自分の「真の実力」を理解しない上司からさまざまな雑用を押しつけられる。「本当の自分」が周囲から評価されないというメロドラマ的な構造が、観客の感情移入を誘うのだ。
そのような「ハンデ」に心を折られることもなく努力を続けて高みを目指すクリスの姿は、「どんな見た目であろうとも、出自がどうであろうとも、成功できる」というオバマの信条を体現しているかのようだ。貧しい家庭に生まれながら黒人初の大統領となったオバマと同様に、クリスの成功はアメリカン・ドリームの象徴として称賛される。競争社会の縮図である株式投資の業界においては、学歴や人種よりも個人の実力や頑張りが重視されるのだ——そんな神話を、『幸せのちから』は再生産している。
映画のレビューを見る限り、日本の映画評論家たちはそのような神話を批判することなく受け入れたようだ。「どん底からはい上がっていく父と幼い息子の愛と涙ぐましい努力は、自分ももっと頑張ってみようかなという元気をプレゼントしてくれる」、「成功の〝しっぽ〟をつかむ努力に、思わず己を振り返り、その甘さを実感した。迷えるフリーターやニートにぜひ観《み》てほしい」[*10]。これらのレビューはほんの一例だが、「迷えるフリーターやニート」に必要なのは、寝る間も惜しんで努力を続けることなのだろうか？　多くの評者がこの映画における自助努力を賛美したこと自体が、イデオロギーとしての新自由主義の力を示しているといってもよいのかもしれない。

黒人の父親と能力主義

クリスとオバマのもうひとつの共通点は、父親が不在の家庭で育った経験を糧として良い父親になろうと努力し続けている点である。映画の冒頭で、クリスはこのように紹介される。「私はクリス・ガードナー。私がはじめて父親に会ったのは28歳のときだった。だから小さいころ、私は決心した――私に子どもができたら、決して同じ思いはさせない」

ただし、この場面において、カメラは保育園の窓の鉄格子から息子を不安そうに見つめるクリスを映し出している。「デッドビート・ダッド」の暗い影がよぎるからこそ、この映画における黒人男性の育児は感動的なのだ。

クリスと同様に、オバマも母子家庭で育った経験を持っている。彼は自伝やスピーチのなかで自らの境遇を引き合いに出しながら、父親の不在という「負のサイクルを打破する」ことが黒人男性にとって喫緊の課題なのだと繰り返し述べている。

「負のサイクルを打破する」ために、黒人の父親は何をする必要があるのか？　ここでは2008年の父の日におけるオバマのスピーチから考えてみよう。父親として責任を持つこと、エンパシー（立場の違う他者に共感する能力）の大切さを子どもに教えることに加えてオバマが推奨するのは、「目標を高く設定すること」である。[*11]

「君は黒人だから大統領にはなれない」と何度も言われてきたオバマが言うのだから、確かにその言葉には重みがある。学校の成績がすべてB（良）だからといって喜んではいけない、A（優）を取ることだってできる。仕事があるのは良いことだが、もっと良い仕事だってあるかもしれないし、起業することだってできる。中学校を卒業したくらいで大喜びするのは早い、高校もあるし、大学、大学院、ロースクールや医学部に進むこともできる……。大切なのは子どもに大きな夢を持たせることで、そのためには父親自身が高い目標に向かって頑張る姿を見せなければいけない、とオバマは力説する。

ここでオバマのレトリックを支配しているのは、競争主義的な世界観である。「子どもの未来にとっては、教育がすべてです。ご存じのとおり、私たちが仕事をめぐって争っているのはインディアナやカリフォルニアの人々ではありません。中国やインド、世界中の人々が私たちの競争相手なのです」というオバマの言葉は、十分な教育を受けられない貧困層の父親にはどのように聞こえただろうか。

良い父親であるためには、子どもに高い学歴を与えなければならないのだろうか？　常に自己投資をして、より良い未来に向かって努力し続けなければいけないのだろうか？　黒人の父親はそうした価値観を持たないから、「負のサイクルを打破する」ことができないのだろうか？　オバマのスピーチからは、そのような疑問が生じるように思われる。これらの疑問のいくつかは次章においてより詳しく検討されることになるが、本章では、再び『幸せのちから』に話を戻し、この映画における人種と能力主義の要素について掘り下げていきたい。

ポスト人種社会という幻想

『幸せのちから』では競争社会における個人の努力が称賛される一方で、人種や格差といった構造的な問題が争点となることはない。この映画のなかで、クリスは人種差別や学歴による偏見に声を上げて抗議するわけではないのだ。ここでは、人種の要素を詳しく検討してみよう。

クリスは白人が支配するサンフランシスコのビジネス界で、少しずつ人脈を築き上げていく。ところが、まるでそれと反比例するかのように、彼は黒人の友人たちと縁を切る。クリスに借りた金を踏み倒す黒人の友人は、金銭をしっかりと管理できない（マネジメント・スキルの欠落した）「ビフォア」のクリスを映し出す鏡であるかのようだ。投資会社の（白人の）重役はクリスから借りた5ドルを律儀に返すのだから、クリスの友達はどう見ても印象が悪い。

人種コミュニティを捨て白人社会に同化するクリスと対照的なのは、クリストファーが通うチャイナタウンの保育園である。壁に書かれた卑猥《ひわい》な落書きを放置し、"happiness"という単語のつづりを正しく書けない（happyness）この保育園は、白人的なライフスタイルを獲得できない人種マイノリティの末路を示唆している。この保育園で子どもたちは一日中放置され、大人向けのテレビドラマを見せられる。中国語訛《なま》りの強い英語を話す保育園の園長は、幼児教育の重要性を正しく認識していないのである。人的資本という概念は、この保育園には無縁だ。

主流のアメリカ社会に同化する個人主義的な黒人男性を主人公とした『幸せのちから』においては、人種問題が焦点化されることがない。別の言い方をすると、この映画は「ポスト人種社会」という幻想を支えているように思われる。「ポスト人種社会」という言葉が前提としているのは、「人種差別はもはやアメリカ社会には存在しない（あるいは、存在するとしてもその影響は限定的である）」、「アメリカでは人種にかかわらず個人の能力だけが評価される」という見解だ。黒人が大統領になれる時代なのだから、人種差別というのは過去の話であり、人種マイノリティが成功できないのであればそれは「個人」の努力が足りないせいだ——人種差別を不可視化し、すべてを「個人」の問題に還元するという意味で、この概念は新自由主義とも親和性が高い。

ところが、現実のアメリカ社会はそのような状況からはほど遠い。2016年の調査によれば、白人の世帯賃金(年収)の中央値が7万1300ドルであるのに対し、黒人のそれは4万3300ドル。黒人の貧困率と失業率はともに白人の倍以上。[*12] かくも明快な格差が生まれた原因が、個人の努力の有無に帰着するはずはない。ひとたび現実の世界に目を向ければ、この映画が(そしてオバマが)掲げるアメリカン・ドリームの理念は空々しく響くのだ。

黒人男性の大量投獄と父親の不在

事実、1980年代のアメリカにおいては「麻薬戦争」の名のもとに多くの黒人が比較的軽微な罪で逮捕され、刑務所に長期間収監されていた。[*13]「黒人男性は危険である」というステレオタイプに基づいた人種プロファイリング(特定の人種やエスニシティに属する人々を優先的に捜査対象にすること)により狙い撃ちにされたことが、黒人男性の失業率が高いひとつの理由でもあったのだ。

「危険な黒人男性」というステレオタイプが奴隷制の時代から根強く流通し続けてきたアメリカ社会においては、驚くほど大量の黒人が刑務所に収監されてきた。２０１８年において、黒人男性10万人あたり収監されているのは２２７２人。ヒスパニック男性だとこれが１０１８人になり、白人男性だと３９２人であるから、黒人男性は白人男性と比べて6倍近い割合で投獄されていることになる。[*14]

黒人男性の大量収監は、黒人の父親が不在である要因のひとつでもある。アクティビストのミシェル・アレグザンダーは、*The New Jim Crow: Mass Incarceration in the Age of Colorblindness* のなかで、先に触れたオバマの父の日のスピーチを痛烈に批判し、「不在の父親たちはいったいどこにいるのか」と問いかけている。[*15] ２００２年の調査によれば、成人した黒人女性の人口は黒人男性よりも約３００万人多い。割合に直せば26％（都市部では37％）の違いである。このギャップを生み出している主要な要因のひとつが、黒人男性の大量収監なのだとアレグザンダーは断じている。[*16] 父親が不在である理由がすべて刑務所の問題から生じているわけではないが、その問題を完全に無視して個々の父親を責めるのもお門違いである。[*17]

ところが、『幸せのちから』において、黒人の父子は別の理由で囚《とら》われの身となっている。長いインターン生活の末に投資会社に採用されたとき、クリスはチャイナタウンの保育園に行き、息子を抱擁する。人的資本の価値を損なう「ゲットー」から息子を救出することができたことに感極まって、クリスは涙を流す。このシーンでは、カメラは窓の外に設置され、父子のメロドラマ的な勝利は牢屋《ろうや》を想起させる黒い鉄格子の枠組みのなかで映し出される。この映画においては、幼児教育の重要性を軽視する保育園が、一種の牢獄として描かれているのである。まるで、子どもを見守り成長させる「社会」などといったものは存在しないかのようだ。

あるいは、クリスがバスケットボールをする息子に夢を諦めないことの大切さを説く場面。ここでクリスたち父子の目前にはサンフランシスコの摩天楼が広がっているが、彼らの視界はコートを囲むフェンスにより遮られている。ここで黒人の自由を制限しているのは、構造的な人種差別ではなく、メリトクラシーの原理（成功できないのは努力が足りないから）であるかのようだ。クリスは罰金を払わなかったために留置場で一晩を過ごさなければいけないものの、黒人の大量収監や警察の制度的な暴力といった問題はこの映画からは見えてこない。

けれども、現実のアメリカ社会において黒人男性はより脆弱《ぜいじゃく》な立場に置かれている。2020年5月、ジョージ・フロイドが白人の警官に殺害された映像がSNSで拡散され、ブラック・ライヴズ・マター運動が大きな注目を集めたことは記憶に新しい。あまりにも多くの黒人が、不要な警察暴力の犠牲となってきた。トレイヴォン・マーティン、エリック・ガーナー、マイケル・ブラウン……もちろん、これらの犠牲者は氷山の一角でしかない。

そうした状況を考慮に入れれば、黒人の父親にとってより優先度が高いのは、人種差別が根強く残る社会のなかで安全に生き延びる方法を子どもに教えることである。たとえば、アメリカでベストセラーとなった『世界と僕のあいだに』のなかで、筆者のタナハシ・コーツはこのように述べている。

「僕は一五歳になろうとするお前にこの手紙を書いている。なぜかと言えば、今年エリック・ガーナーがタバコを売ったために窒息死させられたのをお前が見たからだ。（中略）以前は知らなかったとしても今はもう、お前の国の警察はお前の肉体を破壊する権限を与えられていることを（お前は）知っている[*18]」

15歳の息子に向けて書かれた手紙という体裁をとったこの本のなかで筆者が強調しているのは、アメリカの歴史のなかで形を変えながら継承されてきた制度的な人種差別である。「学校や金融資産ポートフォリオ、摩天楼」のなかに「安全」を見出す人々の無関心によって、黒人の肉体を破壊することが正当化されているのだと、コーツは息子に説明している[*19]。『幸せのちから』は、まさにそのような無関心を助長するような作品であると言えるかもしれない。

黒人の大量収監という問題を引き起こしているひとつの要因が、新自由主義の労働原理である。『未完の多文化主義　アメリカにおける人種、国家、多様性』のなかで南川文里《みなみかわふみのり》は、「大量収監も強制送還も、新自由主義国家が『福祉依存』を回避できる自立した労働力を選別し、それ以外のマイノリティを統制・排除するための国家的な装置として機能しており、多様性規範はここで選別された人々にのみ適用されている」と論じている。[*20]要するに、新自由主義というイデオロギーは、経済的に自立することができる少数の人種マイノリティを「多様性」の名のもとに歓迎する一方で、自立できないマイノリティを社会から排除することを正当化するのである。

『幸せのちから』においては、新自由主義的な競争原理を内面化したクリスが「自立した労働力」を体現している。その一方で、この映画においては人的資本への投資に関心を示さないマイノリティが、クリスの引き立て役として対極的に描かれている。『幸せのちから』は、多様性を称賛する映画ではない。それは、「選別された多様性」を称賛する映画なのである。

公民権運動の記憶

人種という観点からもうひとつ興味深いのは、『幸せのちから』において公民権運動時代の記憶がばっさりと消去され、改変されていることである。それは、単に映画が原作から余分な描写をそぎ落とし、1980年代に焦点を絞ったという話ではない。この映画のなかで、60年代という時代は、時代錯誤的なヒッピーたちによって代弁され、ネガティブな意味を与えられてしまうのだ。

この映画において、ヒッピーたちはクリスから2回も骨密度のスキャナーを奪う。最初にクリスからスキャナーを盗むのは、比較的若いヒッピーの女性である。クリスが一時的に預けたスキャナーを持って逃げる彼女は、「共同生活」や「共有」といったヒッピーの理想の偽善性を示唆しているかのようだ。

次に現れるのは年老いた男性のヒッピーで、彼は盗人《ぬすっと》でこそないものの、自分が拾ったスキャナーをクリスに返そうとしない。面白いのは、彼がスキャナーを「タイム・マシン」と呼んでいることである。「タイム・マシン」を使って60年代に戻り、アメリカ国旗を燃やすジミ・ヘンドリックスのパフォーマンスをもう一度見るというのがこのヒッピーの夢なのだ。アメリカン・ドリームの意義をクリスが息子に語る場面でアメリカ国旗が背後にはためいていたことが、ここでは思い出される。

ステレオタイプ的に描かれたヒッピーたちによって60年代の記憶が矮小化《わいしょうか》される一方で、この映画からは同年代の公民権運動の遺産（レガシー）が欠落している。人種問題の歴史的な痕跡が、この映画からは消去されてしまっているのである。

ただし、正確に言うと、この映画のモデルとなったクリス・ガードナー自身が人種問題に無頓着であったわけではない。映画の原作となった自伝のなかで、ガードナーははっきりと人種差別に異義を唱えている。20世紀初頭の南部で母親が子どものころに経験した人種差別、ガードナーが育ったミルウォーキーの街に存在していた人種隔離の不文律、駆け出しのブローカーだったころに黒人だと悟られないように電話で会話しなければいけなかったこと……。ガードナーの自伝において、人種というテーマは（中心的とまでは言えないまでも）大きなウェイトを占めている。自伝のエピローグを飾るのは、ガードナーが2004年に国際選挙監視団の一員として南アフリカを訪れ、ネルソン・マンデラと面会して「同じ肌の色をした人々を助ける」計画について話し合うエピソードである。[*21]

公民権運動がガードナーの人生に与えた影響も、自伝のなかにははっきりと記されている。1963年9月にアラバマ州バーミングハムのバプテスト教会で白人至上主義者のテロ行為により四人の黒人少女が殺された事件を振り返り、ガードナーはこう述べている。

「あの少女たちはわたしの妹だったかもしれない。いや、黒人社会という同じ共同体に属しているのだから、現実に、わたしの妹だ。同胞への過去、現在、未来の不当な行ないに対して、新たな憤りを覚え、猛烈な抗議の気持ちが生まれた。わたしは黒人どうしのあいだにかつてない連帯の絆《きずな》を感じ、ミルウォーキーの外の世界で起こっている運動に賛同するようになった」[*22]

若きガードナーはNAACP（全米黒人地位向上協会）の一員となり、公民権運動の行進に参加した。ジェイムズ・ブラウンとモハメド・アリがヒーローで、『マルコムX自伝』を読んでいたためにアメフトの部活を退部させられたことに憤りを感じた。ガードナーの自伝における1960年代の描写は、映画版『幸せのちから』における1960年代の扱いとはほとんど正反対であると言ってよい。ポスト人種社会の幻想を生み出したのは、ガードナーの人生というよりこの映画の製作者たちだったのである。

ライフハックとしての「幸せ」

『幸せのちから』という邦題とは裏腹に、ガードナーの自伝には怒りや憤り、諦めといったネガティブな（しかし人間らしい）感情が渦巻いている。人種差別の現実を生きなければいけなかったガードナーにとって、そのような感情は自然に湧き上がってくるものであっただろう。ところが、映画版の『幸せのちから』においては、人種差別の現実とともにそのような感情も不可視化されている。「幸せ」でありさえすれば——現状を批判せず、ポジティブな感情を持って努力すれば――道は必ず開けるのだという信念が、この映画の駆動力となっているのだ。

「幸せ」という感情の意義を最も劇的な形で示しているのが、ホームレスとなったクリスが地下鉄のトイレで息子と一夜を過ごす場面である。クリスは骨密度のスキャナーをタイム・マシンに見立て、恐竜の時代に戻ったふりをしてクリストファーの気を紛らわせる。クリスは苦境のなかにあっても、ポジティブな態度を崩さない。ここで「タイム・マシン」を使って恐竜の幻想に没入するクリスたち父子は、1960年代の理想にとらわれ続けたヒッピーたち（彼らは常に不機嫌そうに見える）と対比されていると言ってもよい。黒人の父子が幸せな感情を保持し続けるためには、1960年代をはるかに遡り、有史以前まで時計の針を巻き戻さなくてはいけないのだろうか？

怒りや不安といったネガティブな感情にとらわれる妻のリンダとは対照的に、クリスは厳しい状況下でも多幸感にあふれている。クリスが株式仲買の世界に足を踏み入れるきっかけになったのは、赤いフェラーリから降りた男性と交わした会話である。そこでクリスは株式仲買の世界に学歴は必要ないことを知るのだが、おそらくこの映画にとってより重要なのは、その直後にサンフランシスコのビジネス街を闊歩《かっぽ》する人々が奇妙なまでに笑顔にあふれていることだ。

成功した人間が幸せに見えるのか、それとも幸せであることが成功の条件なのか？　この映画は後者の見解を強調しているように思われる。クリスにとっては、幸せという感情こそが最大の武器なのだ。ネガティブな感情が「生産性の低い」ものとして唾棄される一方で、営業の電話を無下に断られながらも決して笑顔を絶やさないクリスは、ポジティブな感情を人的資本として億万長者になるのである。

したがって、原題（The Pursuit of Happyness）とは裏腹に、この映画において「幸せ」とは、「追求」すべき目標という以上の意味を持っている。「幸せ」であり続けることは、自己の人的資本を最大化するための手段であり、自己投資の一部なのだ。前述した地下鉄の場面で、子どもと楽しく「恐竜ごっこ」に興じていたクリスは、息子が眠ったあとに地下鉄のトイレのなかで静かに涙を流す。苦境のなかにあっても「幸せ」であることを決して忘れるな――クリスは息子にそう教えているようだ。その意味では、「幸せのちから」という邦題は、ある意味では原題よりも映画の内容に即していると言えるかもしれない。

新自由主義的な価値観が浸透するなかで幸せという感情が自己研鑽《けんさん》のためのスキルとして再定義されたことは、「ポジティブ心理学」と呼ばれる学問領域が1990年代後半から急速に注目を集めたことからも明らかである。この分野の第一人者であるマーティン・セリグマンが2002年に発表した『世界でひとつだけの幸せ　ポジティブ心理学が教えてくれる満ち足りた人生』はベストセラーとなり、この分野の研究者には2億ドルを超える研究費がアメリカ国立精神衛生研究所から支給されたという。*23

従来の心理学が人間のネガティブな感情（鬱や不安）を治療が必要な病気とみなすのに対して、ポジティブ心理学は幸福な感情を最大化することに主眼を置いている。治療やカウンセリングではなく、日常生活を通じて個人が一種の「ライフハック」として幸福という感情を操作するというのが、ポジティブ心理学のミソなのだ。ポジティブな感情を資本としてコントロールすることが人的資本を最大化するための最善の策であるという考え方は、『幸せのちから』にも通底するものである。

「幸せであること」が新自由主義的な世界を生き延びるためにクリスがとった戦略なのだとすれば、人種問題や格差といった構造的な問題がこの映画の後景に退くのも当然だ。この映画において、構造的な問題は、個人の成功を達成するのに不可欠なポジティブな感情を阻害する「邪魔者」として位置づけられているのである。

人種差別もあるかもしれないし、格差の問題もあるかもしれないけれど、ポジティブな感情を忘れず頑張れば誰であっても成功できる——そう信じることは成功への近道なのかもしれないが、そうした発想が一般的になればなるほど、「社会」は消えていくのではないだろうか？

父親の責務とは、「幸せ」という感情が一種のスキル（ちから）となることを子どもに教えることなのだろうか？

第七章　ビジネススキルとしての育児

「家事・育児時間が長い夫なんて、出世コースからは外れてしまう。昇進・昇格が遅れれば、収入の増加は見込めない。子どもがたくさん生まれたところで、『貧乏人の子だくさん』になるのが関の山ではないのか？」

均《ひとし》はマット・ディロンばりに、ニヤリと片唇を上げてニヒルに笑い、こう言った。

「イクメンが出世コースから外れるなんて、今となっては昔のことなんだぜ」

以上は渥美由喜《あつみなおき》の『イクメンで行こう！　育児も仕事も充実させる生き方』（2010年）からの引用である。[*1] ここまで読み進めていただいた読者のなかには、ここで提示されている構図に既視感を覚える方も多いだろう――ハリウッド俳優のイメージが「イクメン」に重ね合わせられていること、子育てをする父親が仕事でも成功すること。

本章では特に、後者のポイントを日本社会の文脈のなかで再検討してみたい。父親の子育てがケア労働というより人的資本という要素と関連づけられる傾向は、近年の日米文化に共通している。「育児をする父親は出世する」という言説は、どのような背景のもとで生まれたのであろうか。

ビジネス書としての「イクメン」本

「子育ての経験が仕事力を高める!」、「育児は21世紀のビジネススキル」、「残業大国ニッポンの働き方は、『共働き世帯』が変えていく」、「仕事ができる男の、子育てのコツを網羅!」。これらはすべて、2010年以降に出版された「イクメン」を礼賛する本の帯に書かれたキャッチコピーである。*2 ある新書のタイトルは、ずばり『育児は仕事の役に立つ』だ。

もう少し具体的に検討してみよう。たとえば先ほど紹介した『イクメンで行こう!』の冒頭には、「筆者は実体験から、男性が育児にチャレンジすると、ビジネススキルも大きく伸びると確信している。まず、時間制約があるため、業務効率は格段に向上する。また、同時並行で物事を処理する能力やリスク管理能力も高まる。そして、最大のメリットは、言葉が通じない赤ん坊や地域で出会うさまざまなタイプの人たちとやりとりする中でコミュニケーション力が培われる」[*3]とある。

この本が推奨しているのは、育児の経験を「ビジネススキル」に還元することだ。職場だけではなく、家庭でも「ビジネススキル」を伸ばすことができる――そのような発想の転換が人的資本という概念の核心にあることは、すでに指摘したとおりである。「タイム・マネジメント」、「段取り力」、「言語化」能力……。ビジネス書の読者にとってお馴染《なじ》みの言葉がこの本の至る所に散りばめられているのは、決して偶然ではない。

『育児は仕事の役に立つ』(2017年)、『男性の育休』(2020年)といった本においても、同様の主張は顕著である。[*4]「プロジェクトとしての育児に夫婦で取り組むことで、リーダーシップ能力の向上が期待できる」、「育児の効率化が、仕事の最適化につながる」、「エクセルを使って家事や育児を『見える化』するとよい」、「育休をとる男性が増え、働き方が変われば、時間当たりの生産性も向上する」等々。これらの本は、「育児書」であるのと同時に、「ビジネス書」でもあるのだ。

上記のような主張が誤りであると言うつもりはない。男性が育休を取得することが日本社会においていまだに困難なのは、育児が企業の利潤追求を阻害する要因として位置づけられているためである。「ワーク」と「ファミリー」の二項対立を問い直すという意図自体は、よく理解できる。
けれども、「育児は仕事の役に立つ」と言い切ってしまって本当によいのだろうか？　「育児が仕事の役に立つ」のであれば、どうして子育て中の女性の多くが今までの仕事を中断せねばならないのだろうか？　育児の経験を仕事に活かすことができる労働者は、いったいどれだけいるのだろうか？　パートや非正規の労働者にとって、これらの本で推奨されている「働き方」とはどこまで現実味があるものなのだろうか？
単刀直入に言ってしまおう。これらの本が想定している「男性」とは、ある意味では特権的な人々である。『育児は仕事の役に立つ』において調査対象として選ばれているのは、「未就学の第1子を持っている共働きの正社員の男女」であり、筆者たちはそれが「高収入の恵まれた世帯」であることを認めている。[*5]
架空の父親の物語を軸に話が展開する『イクメンで行こう！』でも、焦点が当てられるのはエリート男性だ。「平均《たいらひとし》」と名付けられた主人公は、その名前とは裏腹に、「某社のコンサルティング部門に勤め、ワーク・ライフ・バランスやダイバーシティを企業などに推進する業務に従事して」いる。[*6]あるいはここで、第一章で紹介した『FQ JAPAN』が「0～2歳児を子育て中の中高収入の30代男性」を主な読者層としていることをあわせて指摘してもよい。[*7]

要するに、これらの本で問題となる男性のライフスタイルとは、アッパー・ミドルクラス男性のライフスタイルなのだ。『イクメンで行こう!』は、育休経験のある男性を3つのタイプに分類している。まずは、「家庭の事情があるタイプ」[*8]。妻の病気などで夫の全面的なサポートが必要な場合、あるいは「バリバリキャリアの妻と草食系の夫」などがこれにあたるのだと言う。次が出世などにこだわらない「マイペースタイプ」で、「周りからどう思われようと気にしない、不思議系の男性」が多いらしい。

「草食系の夫」や「不思議系の男性」といった言葉が具体的にどのような男性を指しているのかは不明だが(ジェンダー規範から逸脱した男性にそのようなレッテルを貼る社会こそ、「不思議」であるように私には思える)、それはさておき、「しばらく前まで、育休を取ったという男性には、第一と第二のタイプが多かった」のに対して、最近増えている第三のタイプが、「自他ともに認める『エース社員』の男性が育休を取得するケース」であるというのが、ここでのポイントだ。エリート男性にとって、育休はキャリアの「疵《きず》」というより「武器」になるというのである。

その点を裏付けるために、筆者の渥美由喜は、内閣府の委託を受けて自身が2005年に作成した「スウェーデン企業のワーク・ライフ・バランス調査」の結果をここで紹介している。役員、中間管理職、ホワイトカラー、ブルーカラーという4つのタイプに仕事を分類したとき、役員の育休取得率が他のそれより高かったというのだ。[9]

渥美はこのデータをもとに「育休を取った人は出世している」という結論を導いているが、本当にそうなのだろうか？　「役職につく男性のほうが、（仕事の時間を自らの裁量で柔軟に調整できるために）育休を取りやすい」という可能性はないのだろうか？

「イクメンは出世する」のか、「出世するからイクメンになれる」のかという問いに対して本書は明確な答えを提示することはできない。ただ少なくとも、ここで明らかなのは、近年の日本における「イクメン」本がホワイトカラーのエリート男性を主なターゲットとしており、「育児は出世への第一歩」という幻想を生み出していることである。

私はここで、そのような幻想がすべての男性にとって「役に立たない」と言いたいわけではない。これらの本のメッセージが特定の読者層に刺さるのであれば、そのことには何の問題もない。たとえば、自由度の高い職業についている人にとっては（大学教員である私もそのひとりである）、「子どもが生まれて時間が制約されると業務の効率性が逆に上がる」という知見は確かに有益だし、心の支えにもなるはずだ。[10]

それでも、なぜ一部のエリート男性だけが「イクメン」本の想定読者となるのかという問いには、大きな意義があるように思われる。ここで興味深いのは、『新しいパパの教科書』（20

13年）の事例である。NPO法人のファザーリング・ジャパンにより執筆されたこの本は、極めて実用的な育児書だ。産後の女性の心身をどう労《いたわ》るべきなのか、おむつを替える方法は、保育園はどう選ぶべきなのか……。すべての「新しいパパ」にとって有意義な情報が、この本には詰め込まれている。

　それにもかかわらず、この本の帯に書かれているのはサイボウズの「自称イクメン社長」、青野慶久《よしひさ》によるこのような言葉である――「育児は21世紀のビジネススキル」。確かに、全部で175ページあるこの本の数ページには「子育てにコミットすることで、様々な仕事力が向上」するという類いの主張が含まれている。[*11] けれども、本章で紹介してきた他の「イクメン」本とは違い、この本の大部分を占めているのは新生児が生まれた家庭の日常生活を回していくための実用的な知恵である。

　すべての新しい父親に読まれるべきこの本が、なぜ「ビジネススキル」という言葉が刺さるような特定の父親に向けてパッケージ化されなくてはならないのだろうか？　ビジネス書（あるいは広い意味での自己啓発書）でなければ売れないから？　それとも、社会のなかで強い影響力を持つエリート男性の意識を変革すれば、社会は変わるから？

　個々の「イクメン」本が特定の読者をターゲットとすることに問題があるわけではない。けれども、大部分の「イクメン」本が似たような読者層に向けて書かれている——あるいはそのようにパッケージ化されている——のであれば、話は別である。そこから排除されている読者とは誰なのだろうか？　「イクメン」本のなかで不可視化されてきた男性に光を当てたとき、理想となる男性像はどのように変化するだろうか？

「イクメン」誕生前夜の父親たち

ここまで本章では、2010年以降に日本で刊行された「イクメン」本において、育児が人的資本の一環として位置づけられてきたことを論じてきた。ところが、歴史的に言えば、父親の育児がビジネススキルと関連づけられるようになったのは、ごく最近のことである。「イクメン」という言葉が誕生するはるか前から、積極的に子育てを行う父親は脚光を浴びていた。なかでも大きな注目を集めたのは、1980年に結成された「男も女も育児時間を！連絡会」（通称「育時連」）だ。育時連は全国各地で集会やシンポジウムを開催し、育児と仕事を両立させようとする男性たちを草の根的に支援した。彼らの具体的な目標のひとつは、労働基準法で1歳未満の子どもを育てる女性にしか認められていない育児時間（一日2回、合計1時間まで）を、男性も取得できるようにすることであった。

育時連の活動のなかで中心的な役割を果たした人物のひとりが、たじりけんじ（田尻研治）である。たじりはエッソ石油に勤務する技術者であった。1985年に長女が誕生し保育園に入園したとき、たじりは同系列の会社で働く妻と話し合い、保育園への送迎を夫婦で分担することにした。たじりは朝の担当となったが、当時は延長保育が一般的ではなかった時代なので、保育園の送迎時間が会社の就業時間とどうしても重なってしまう。たじりは会社と交渉を続けたが、子育ては個人の問題であるというのが会社の見解であった。*12

そこでたじりが考案した解決策が、「育児時間ストライキ」である。労働組合と相談のうえ、たじりは指名ストを行った。子どもを保育園に送るために毎日30分から1時間、ストライキという形で会社に遅刻したのである。ストを始めた当初は労務担当者などからの嫌がらせが絶えなかったというが、この生活を4年間続けたというのだから只事《ただごと》ではない。たじりの育児時間ストライキの顚末《てんまつ》は新聞やテレビなど、さまざまな媒体で報じられた。ストライキを始めて以降4年間で、たじりは50件近くの取材を受けたという。

たじりの粘り強い運動に応え、1990年にエッソ石油は「保育園送迎時間制度」を創設した。女性のみならず、事情によっては男性社員にも保育園などへの送迎目的での労働時間の短縮を認めたのである。*13 延長保育やフレックス・タイム、育児休業といった制度が矢継ぎ早に整備されるにつれて育児時間の重要性は相対的に低下していったものの、90年代前半にはさまざまな自治体や企業において男性にも育児時間を認める動きが広がった。たじりをはじめとする育時連の問題提起は、一定の成果を生み出したのである。*14

では、育時連は「イクメン」のパイオニアなのだろうか？　広い意味ではそう言っても差し支えないのだが、育時連の主張は2010年以降の「イクメン」の言説とは大きく異なる部分も多い。なかでも本章の議論にとって重要なのは、仕事に対する方向性の違いである。

先述したように、近年における「イクメン」の言説では、「育児をする父親は出世する」ことがしばしば強調されてきた。ところが、たじりや育時連の主張のなかに、そのような見解はまったく見当たらない——それどころか、彼らはしばしば、「会社からオリる」ことを読者に勧めている——先述した渥美の「イクメン」本の分類に従えば、彼らは「不思議系」ということになるのだろうか？

たとえば、1989年に育時連が出版した『男と女で「半分こ」イズム　主夫でもなく、主婦でもなく』を見てみよう。巻末のQ&Aコーナーに寄せられた「育児時間なんかとったら出世コースにのれない」のではないかという懸念に対して、育時連の創設者であるますのきよし（増野潔）は、こう応答している。

「おちこぼれてハッピーに生きようぜ[*15]」

育児と出世が必ずしも矛盾するわけではないと断る一方で、会社よりも生活を優先するべきだとますのは断言する。実際、この本のなかでは会社よりも育児を優先して仕事を辞めた男たちの事例がいくつも紹介されている。エリート男性のみならず、主夫や保育士などさまざまな立場の男性の生き方が、この本からは垣間見《かいまみ》えてくる。

たじりもまた、自分が「出世コース」から降りていることをはっきりと述べている。

「このごろは出世していく友人をみても、お先にどうぞ。いちいち落ちこんでいた以前とはだいぶちがう。なんだか私の方が豊かな暮らしをしてるんじゃあないかとほのかに思えてくるから不思議なものだ[*16]」

何しろ、ストライキという形で会社と対決しながら育児を続けているのだ。覚悟が違う。家庭がしっかり回るのであれば、仕事は多少犠牲になってもかまわないという決意がたじりの言動からは感じられる[*17]。

少し大げさな言い方をすれば、たじりのような「育時連」の父親たちにとって、育児とは資本主義的な社会へのアンチテーゼでもあった。『男と女で「半分こ」イズム』のなかで、上野千鶴子は育時連の男たちをこのように分析している。

「ちょうど女が育児を錦の御旗《みはた》にしたように、彼らも『子どものため』を男社会からオリるパスポートにして、ほんとは『自分のため』に生きたいのだ」[18]

たじりたちにとって、家族を優先することは、資本主義的な競争原理に支配された「男社会」を批判することでもあったのだ。

上野は近年、Ｗｅｂメディア『日経ｘｗｏｍａｎ』の記事のなかでも、育時連について触れている。そこで上野が指摘しているとおり、たじりたちの対決的な姿勢を陰で支えていたのは、労働組合の存在であった。[19]当然のことではあるが、たじりの指名ストは、組合の支持があったからこそ成功したのである。新自由主義の浸透とともに労働組合は骨抜きにされていくが、育時連の活動が示しているように、この時代には労働者の横のつながりが存在していた。そして、そのようなつながりこそが、育児時間や育児休暇といった形で、労働条件の改善を勝ち取るための原動力となっていたのである。[20]

ここまでの議論を整理しておこう。育時連に代表される20世紀後半の父親たちにとって、育児とは「競争からオリる」ためのものでもあった。対照的に、「イクメン」という虚像のなかで、育児とは「競争を勝ち抜く」ためのものとして位置づけられていく。その変化は、本章で分析してきた本の読者層の違いにも反映されている。育時連の本がすべての男性に開かれているのに対して、「イクメン」本の多くは、ホワイトカラーのエリート層を想定読者としている。

そして、そのような変化を生み出す要因となったのは、新自由主義的な文化の浸透である。育時連の時代には当然視されていた仕事と育児の二項対立は、人的資本の理論により解体されていった。また、組合という組織をベースにした育時連の活動がラディカルな「労働運動」の一端だったのに対して、近年の（しばしば「ワーク・ライフ・コンサルタント」と呼ばれる）「イクメン」本の筆者たちは、家庭と仕事の葛藤をよりマイルドな形で解決しようとしている。

私はなにも、「昔はよかった」と言いたいわけではない。育児に励みながら会社でも頑張りたいと思う人がいてもよいと思うし（私もそのひとりである）、ワーク・ライフ・コンサルタントたちに学ぶべきこともたくさんある。彼らがいなければ、育児と仕事を両立させようと頑張る父親たちの肩身はもっと狭くなっていたことだろう。

ただ、それでも――と私は考えてしまう。どうして「すべての父親」に開かれていたはずの理想が、「特定の父親」にのみ手の届くような理念として矮小化されてしまったのだろうか？

以下では「新自由主義フェミニズム」と呼ばれる概念を検討しながら、ここまで議論してきた内容をより広い文脈に位置づけてみたい。

新自由主義フェミニズムと『リーン・イン』

「新自由主義」と「フェミニズム」という言葉の組み合わせは、意外に感じられるだろうか。前者が保守派の思想であるのに対して、後者はリベラル派の思想である——そのように理解している読者の方もおられるかもしれない。ところが、上野千鶴子やナンシー・フレイザーなど多くの論者が説明しているように、新自由主義はフェミニズムの理念を部分的に取り込みながら発展してきた。[*21] ここでは、アメリカ研究者であるキャサリン・ロッテンバーグの *The Rise of Neoliberal Feminism* を参照しつつ、「新自由主義フェミニズム」という概念について理解を深めたい。

一言でまとめてしまうと、新自由主義フェミニズムとは新自由主義の理念に迎合的なフェミニズムである。ロッテンバーグは、「仕事と家庭の幸せなバランス」を実現することこそが、このフェミニズムの最大の目標なのだと述べる。[*22] では、そのことがどのような意味で問題なのだろうか？

この文脈でよく引き合いに出されるのは、フェイスブック（現メタ）のCOO（最高執行責任者）であったシェリル・サンドバーグのベストセラー、『リーン・イン　女性、仕事、リーダーへの意欲』（2013年）である。この本のなかで、サンドバーグは実体験を例に挙げながら、子育てをする女性がリーダーとなることの意義を説いている。

「世界を動かしているのは、やはり男である」と述べるサンドバーグは、従来のフェミニズムと同じ認識を共有しているように見える。[*23] ところが、そのような問題に対して彼女が提示する処方箋は、「内なる障壁を打破」し、女性がリーダーになることである。[*24] ロッテンバーグが指摘しているように、『リーン・イン』が提案するのは社会ではなく個人を変革することなのだ。

そして、その個人のモデルとなっているのは、サンドバーグのような1％のエリート女性である。ハーバード大学を首席で卒業、世界銀行・マッキンゼー・財務省・グーグルなどで要職を経験しフェイスブックのCOOに……。サンドバーグのキャリアは、ほとんど伝説的だ。転職するときに重視すべき要素は何なのか、「一八カ月プラン」を立てることの意義、リスクをとることとの重要性など、『リーン・イン』にはリーダーを目指す人々へのアドバイスがふんだんに詰め込まれている。サンドバーグにとって、「仕事と家庭を両立させること」は、そうした助言の一部でしかない。

けれども、はたしてどれだけの女性がそういった助言を生かせるような環境にいるのだろうか？ 「女性が犯しがちな判断ミスの一つは、自分の給料では保育費をカバーするのがやっとだという理由で早々に辞めてしまうことである」とサンドバーグは述べている。[*25] 確かに、それは将来的にキャリアアップが見込めるエリート女性にとっては「判断ミス」なのだろう。けれども、サンドバーグの提言は、低所得層の女性にとって現実味があるだろうか？　問題は彼女たちが仕事を辞めてしまうことではなく、彼女たちの市場価値が不当なまでに低いことなのではないだろうか。

もちろん、優秀な女性がリーダーとなることを私たちは歓迎するべきである。仕事と家庭のバランスに悩むことなく、彼女たちが活躍できるような環境を整えることは重要だ。ただし、それを実現することがフェミニズムの最も大きな目的なのかと問われれば、話は別である。上野千鶴子が述べているように、フェミニズムとは「弱者が弱者のままで尊重されることを求める思想」であって、一部のエリート女性を（名誉）男性という強者にするためのツールではないからだ。[*26]

サンドバーグは「個人」を変革することの意義を説いているが、エリート女性は自分だけの力でワーク・ライフ・バランスを実現できるわけではない。彼女たちが家庭と仕事を両立できるのは、（部分的にではあれ）家事や育児を彼女たちの代わりに担ってくれるケア労働者がいるからである。

アメリカにおいてこれらの女性（特にナニー）の大部分が移民労働者もしくは人種マイノリ

ティであることは、すでに第五章で確認した。ロッテンバーグの言葉を借りれば、新自由主義フェミニズムは人種や階級の不平等を拡大しつつ、「賢く自己投資して資本の価値を増大させる意欲的な少数の主体と、消耗品として搾取される多数の女性」を同時に生み出すのである。[*27]

ここで話をもとに戻したい。本章までに議論してきた「イクメン」の言説も、上記のような新自由主義フェミニズムの一部であると考えられないだろうか？　ワーク・ライフ・バランスの掛け声のもとに、一部のエリート男性／女性のライフスタイルが規範化されるのが両者の共通点である。渋谷望の言葉を借りれば、「イクメン的男性性は、それ自体が象徴資本ないしステータスシンボルとなり、低所得層の男性性からの卓越性の印となりつつある[*28]」のである。

その過程で不可視化されるのは、エリート層の子育てにおいて重要な役割を果たしているケア労働者たちである。日本では育児や家事を外注する文化が根づいていないので、アメリカの場合とは少し話が異なる。けれども、第三章で確認したように、保育士などのケア労働者の社会的な地位が不当に低いことは日本でも変わらない。個々の家庭のワーク・ライフ・バランスももちろん大切なのだが、ケア労働の価値が低く見積もられてしまう現状を変えることも同じくらい大切だ——私たちは、そんな風に声を上げるべきなのではないだろうか。

「貧困専業主婦」と「イクメン」

「イクメン」の言説がエリート層の男性を主なターゲットにしていることを、本章では説明してきた。けれども、育児に関する情報を必要としているのはエリート層の男性ばかりではないはずだ。育児支援は低所得者層の父親にとってこそ重要であるとも言えるはずである。

『日本の分断　切り離される非大卒若者《レッグス》たち』のなかで、学歴という要素によって日本社会が分断されつつあることを社会学者の吉川徹《きっかわとおる》は論じている。吉川はこの本のなかで大規模調査の結果を分析しつつ、大卒男性／女性と非大卒男性／女性が置かれている状況を比較検討している。本章の議論にとって興味深いのは、「夫が妻と同じくらい家事や育児をするのはあたりまえのことだ」という意見に対する反応である。

この意見に対して反対が多かった（吉川の言葉を借りれば、「イクメン否定派」ということになる）のは、意外なことに若年／壮年の非大卒女性である。逆に、イクメンに最も肯定的なグループが、若年の大卒男性だ。本章が議論してきたことをふまえれば、この調査結果が示唆しているのは、高学歴男性をターゲットとする「イクメン」の言説がその目的を果たしてきたということなのかもしれない。吉川はこう述べている。

「イクメンをめぐるキャンペーンは、知らずしらずのうちに若年高学歴男性をターゲットに見立て、夫婦の形態としては大卒同類婚（大卒の学歴を持つ男女どうしの結婚）を想定し、彼らの家事・育児支援を奨励するものとなっている」[*29]

それにしても、どうして非大卒女性に「イクメン否定派」が多いのだろうか？「専業主婦やパート主婦、あるいは家事手伝いなどが多いこれらのセグメントでは、家事・育児が彼女たちのアイデンティティの源泉となっており、この役割を堅持したいという気持ちが強くなっている」というのが、吉川の分析である。[*30]

吉川の議論の裏付けとなるように思われるのが、2019年に労働経済学者の周燕飛《しゅうえんび》が発表した『貧困専業主婦』という本である。専業主婦の大半は高収入男性の妻であるという固定観念に反して、周が分析したデータによれば、専業主婦の実に8人にひとりが貧困世帯に分類されるのだという。

「貧困専業主婦」とは、「高学歴のイクメン」を裏返したイメージなのかもしれない。もちろん、これまでの議論で何度も確認したように、低所得層の男性が「無責任な父親」であるというステレオタイプには注意が必要である。けれども、貧困専業主婦の2－3割が働けていないことを不本意に感じているという現状に鑑みるならば、「どうすれば父親が仕事と育児を両立できるか」という問いは、低所得層の家庭にとっても意義深いはずである。[*31]

低所得層の父親が子育てをしやすいような環境を整えるためには、何が必要なのだろうか。近年の「イクメン」本のなかで強調されていたのは育児を通じて個人が獲得することができるビジネススキルであり人的資本であったが、低所得層の男性が必要としているのはより構造的な支援であるはずだ。

非正規労働者の男性が安定した家庭を持てるようになるためには、どうすればよいだろう？30－40代の低所得層男性の7割がそもそも結婚できないという現実を変えるためには何ができる？[*32] DVに苦しんで離婚を選択する女性の数を減らすには？ リモートワークができないエッセンシャル・ワーカーの男性には子育てができないのだろうか？

「イクメン」を増やすためには、これらの疑問についても真剣に考える必要がある。男性の育児の問題の一部は、非大卒男性／女性の貧困問題でもあるはずなのだ。しかしながら、近年の日本における「イクメン」についての議論からはそうした観点が抜け落ちている。また、同様に、現在の日本における家族政策は少子化対策に偏りすぎていて、貧困問題を軽視している。[*33]

結局のところ、育児は仕事の役に立つかもしれないし、役に立たないかもしれない。けれども、それは大きな問題ではない。「役に立たない」と見なされる弱者をサポートすることこそが、フェミニズムの使命なのだから。ケアという概念が人的資本の枠組みに吸収されたとき、それは一部の家族の特権を再生産するための資源になってしまう。男性のケアを新自由主義的な枠組みから解放し、「役に立たない」弱者をサポートするというフェミニズムの理念を取り戻すことはできないのだろうか？　そのような問いについて検討するために、最終章である次章では、これまでとは違った方向性を示す日米の文学作品に焦点を当ててみたい。

第八章　ケアする男性、ケアされる男性

本書ではここまで、どちらかといえば批判的な観点から、日米における「イクメン」の文化を新自由主義という背景のなかで分析してきた。20世紀後半以降のハリウッド映画を検討した第四章から第六章では、「ワンオペ」で育児と仕事を両立させる父親がメロドラマ的な枠組みのなかで美化されていることを論じた。これらの映画における理想の父親像は、「フェミニズムに感化されて家庭を捨てる冷酷な女性」や「デッドビート・ダッド」といったステレオタイプと対比されている。また、これらの映画においては育児を担う父親が新自由主義的な価値観を体現した「自分自身の企業家」として描かれており、第七章で論じたように、その点は近年の日本におけるエリート男性をターゲットにした「イクメン」の言説にも共通している。

上記のような傾向が新自由主義というイデオロギーにより生じたのだとすれば、男性の育児をテーマとした日米の文化のなかには、そうした潮流を覆す可能性を秘めた作品も少数ながら

存在する。最終章である本章では、そのような文学作品を紹介し、本書の締めくくりとしたい。

以下ではレイモンド・カーヴァーが1983年に発表した短編小説「熱」("Fever")と、堀江敏幸が2011年に刊行した長編小説『なずな』を比較しながら検討する。双方の物語に共通しているのは、子育てをする男性の身体的・精神的な脆弱性(vulnerability)が重要なテーマとなっている点である。これまで分析してきたハリウッド映画では、父親たちがケアの受け手となる場面はほとんど存在しないのに対して、これらの物語では「ケアする」主体は「ケアされる」主体でもある。

これらの物語においては、父親がケアされる主体でもある以上、必然的に子どもの世話を分担し、父親をケアする他者が存在する。「ワンオペ」で育児と仕事を両立させる父親を美化するハリウッド映画とは対照的に、これらの物語が描き出すのは、重層的なケアのネットワークである。

本章における議論の基礎となるのは、近年人文社会学の諸分野において注目されているケアの倫理学である。人間はみな脆弱性を抱えた存在であるという前提に立ち、自立した個人ではなく依存関係を出発点として社会を構想し直すこの学問が1980年代のアメリカで誕生したのは、偶然ではない。[*1] それは、「個人の成功は、他者や集団について心配せずに、自己自身の企業家となる能力しだいであるという（新自由主義的な）社会の在り方」を問い直すところから始まったのである。[*2]

新自由主義というイデオロギーが「自己責任」を強要し、私たちを孤立させて社会を解体する傾向を持っているのであれば、「熱」と『なずな』におけるケアのネットワークは、新自由主義に抗《あらが》う可能性を私たちに示してくれるはずである。本章では、ケアの倫理学の知見を参照しながら、そのようなことを議論していきたい。

「熱」——男性の脆弱性とドゥーリア

1970年代から1980年代にかけてレイモンド・カーヴァーが発表した一連の短編小説は、新しいタイプのアメリカ文学として国内外で高く評価された。村上春樹が全作品を翻訳したこともあり、読者のなかにもカーヴァーの文学に馴染みのある方がいらっしゃるかもしれない。

カーヴァーの短編に登場する貧しい白人労働者は、「自己責任」の原則が幅をきかせる新自由主義的なアメリカ社会のなかで、窮地に立たされている。彼らはしばしば失業状態にあり、家庭も不安定である。社会学者のウルリヒ・ベックの言葉を借りれば、彼らが生きているのは未来の不確かな「リスク社会」だ。[*3]

前章までに論じてきたように、新自由主義により規範化されるのは、リスクが増大する社会において自己のスキルを磨いて――すなわち、人的資本に投資して――状況を打開する「自分自身の企業家」である。ところが、カーヴァーが描く貧しい白人労働者たちは、「自分自身の企業家」からはほど遠い。人的資本を最大限に活用してリスクをチャンスに変えるという構図がこれまで論じたハリウッド映画に共通していた一方で、カーヴァーの短編においてそのような展開は皆無である。閉塞感の漂う「カーヴァー・カントリー」においては、自己改造や人的資本といった言葉が空々しく響くのだ。

以下に論じる「熱」という短編から浮かび上がってくるのは、流動的で不安定なケアの形である。そしてここでも、主人公の男性は独力で問題を解決する力を持たない。この短編の主人公であるカーライルは二児の父親であるが、妻のアイリーンが家を出て同僚と駆け落ちしたために、ひとりで幼い子どもの世話をすることになる。高校の美術教師であるカーライルは、夏休みの間は育児に専念することができる。だが、新学期が近づくにつれて、彼はベビーシッターを探さなければならない。紆余《うよ》曲折の末に、彼はアイリーンが紹介するミセス・ウェブスターに子どもの世話を頼むことになる。

ミセス・ウェブスターは、ケアの達人だ。家事や育児を完璧にこなす彼女のおかげで、カーライルの生活は安定し、軌道に乗る。ところがある日、カーライルは高熱を出して寝込んでしまう。ミセス・ウェブスターの献身的な看病のおかげで、カーライルの体調は徐々に回復する。だがそのとき、ミセス・ウェブスターは家族の事情で仕事を辞めなければいけないことを告げる。ミセス・ウェブスターがいなくなった家でカーライルが子どもたちと向き合うところで、この短編は幕を閉じている。

ある日突然妻が家出をして父親が子どもの世話にかかりきりになるというこの短編の設定は、『クレイマー』を想起させるものだ。けれども、テッド・クレイマーの場合とは違い、カーライルが家事や育児をしている姿は淡々と語られる。

「彼は子供たちのために料理をした。彼自身は食欲なんて感じなかった。彼は子供たちの服を洗濯し、アイロンをかけた。子供たちを連れて郊外にドライブに行った。そこで彼らは花を摘み、持参した弁当のサンドイッチを食べた」[*4]

カーライルは、不慣れな家事や育児に悪戦苦闘しているわけではない。おそらく彼は、アイリーンが家を出る前から、ある程度は家事や育児をしていたのだろう。父親の育児が不要に美化されないのが、この短編のひとつの特色である。[*5]

「ワンオペ」で仕事と育児を両立させるハリウッド映画のヒーローたちとは対照的に、カーライルの生活はミセス・ウェブスターのようなケアの担い手がいなければ回らない。新自由主義的な「自己責任」の原則に反して、この短編は、他者のケアに依存する男性をスティグマ化することなく描いている。

「熱」が執拗《しつよう》に強調しているのは、カーライルという男性の脆弱性である。この短編においては、子どもたちだけでなく、カーライルまでもがケアの対象となっている。ミセス・ウェブスターがいなければ、カーライルが高熱を出したときに子どもたちはどうなったのだろうか?

カーライルとミセス・ウェブスターの関係は、フェミニスト哲学者であるエヴァ・フェダー・キテイが考案した「ドゥーリア」という概念を想起させる。「ドゥーリア」とは、出産した母親をサポートする人を指す「ドゥーラ」という言葉を発展させたものであり、「依存者をケアする人たちは、その人たち自身も、誰か別の者に注意を払われ、支援してもらわなければならない、という考えをうまく表すもの」である。[*6]

カーライルは依存者である子どもをケアする父親であり、ミセス・ウェブスターにケアされるひとりの男性でもある。この短編において、父親の育児は、ケアのネットワーク（ドゥーリア）の網目のなかに存在しているのだ。

さらに言えば、この短編においてケアを必要としているのは、カーライルや彼の子どもたちだけではない。アイリーンが家を出たあとカーライルは同僚のキャロルと関係を深めるが、彼女は「神経過敏な十歳の男の子」を抱えたシングル・マザーであり、ふたりが会うとき彼女は自分の子どもをベビーシッターに預けなければいけない。また、アイリーンの新しいボーイフレンドは、カーライルと同様に病気にかかって1週間寝込んでいる。誰もがケアを必要とするこの短編にあっては、ミセス・ウェブスターの夫が運転する車までもがケアを求めているようだ――年季が入ったこの車は、ダッシュボードの下にある電線を注意深く手でつなぎ合わせない限り、エンジンがかからない。

ミセス・ウェブスターは、カーライルの身体だけでなく心もケアしている。アイリーンが他の男性と駆け落ちしたという事実は、カーライルを苦しめ続ける。ミセス・ウェブスターが仕事を辞めなければならないことを告げたあと、カーライルはアイリーンに対して抱いている複雑な感情をミセス・ウェブスターに吐露する。そして話を続けているうちに、彼の気分は少しずつよくなっていく。

「カーライルは話しつづけた。最初のうちは頭が痛んだ。そしてパジャマ姿でソファーに座って、となりに年寄りの女がいて自分の話を辛抱強く聞こうとしていることを、みっともなく感じていた。でもやがて頭痛が消えていった」[*7]

現代社会においては、「自立した個人」という人間像がしばしば基準とされている。すなわち、私たちの社会においては、他者に依存することが比較的少ない成人した健常者が正常な市民であると想定される一方で、病人・子ども・老人・障がい者といった他者のケアに依存する人々は、「例外的」な状態にあるとみなされる傾向がある。それに対して、キテイが提唱するケアの倫理学は「みな誰かお母さんの子ども」であることをその出発点としている。[*8]当然のことだが、成人した男性健常者も、乳幼児期には誰かのケアを受けていたはずだ。程度の差こそあれ、人はみな依存しなくては生きていけないのだから、「依存は避けるべきみじめな状態だとみる見方を私たちは拒否する必要があります」とキテイは述べている。[*9]

カーライルの話にじっと耳を傾けるミセス・ウェブスターは、疑似的な母親として彼のことをケアしているかのようだ。カーライルははじめ、自分が身体的のみならず精神的にミセス・ウェブスターに依存していることを「みっともなく」感じている。ところが、話を続けるうちに、彼は自分が依存状態にあることを受け入れていく。自分が自立した個人であらねばならないという思い込みから、カーライルは解放されるのだ。

少し違った言葉で説明すると、ここでミセス・ウェブスターが果たしている役割は、キテイが考案した「依存労働」という概念によって整理することができる。この概念に関しては、臨床心理学者の東畑開人《とうはたかいと》がわかりやすく説明しているので、ここでは東畑の言葉を借りながら話を進めたい。

依存労働とは、「誰かにお世話をしてもらわないとうまく生きていけない人のケアをする仕事」であり、「『弱さ』を抱えた人の依存を引き受ける仕事」である。[*10] この定義によれば、育児はもちろん依存労働にあたるし、カーライルのように精神的な悩みを抱えた人間をケアすることも依存労働の一部である。

依存労働のひとつの特徴は、依存者の多様なニーズに柔軟に対応しなければならないことだ。あるデイケア施設で臨床心理士として働いていたときの経験を振り返り、東畑はこう述べている。「ケアってそういうことなのだ。なんらかの脆弱性を抱えた人には、さまざまなニーズが発生している。誰かがそれに対して臨機応変に対処しなくてはいけない。だから僕は麦茶もつくるし、床にこぼれてしまった沖縄そばの残骸を雑巾で拭き取る。結局のところ、誰かがそれをやらなくちゃいけない」[*11]。心理カウンセリングだけが「ケア」の仕事ではないのである。

ところが、そうした多様な依存労働の仕事は、ジェンダー化され(「女性の仕事」であるとみなされ)、社会のなかでは高く評価されない。依存労働とは、「専門化しないままに残ったケアの仕事」であるとみなされるのだ。[*12]東畑は、自分自身がデイケアで働いた経験に基づいて、自分が何でも屋としての「ケア」の仕事を専門家としての「セラピー」の仕事よりも低く評価していたことを自省しながら振り返っている。

カーライルを心身の不調から救うミセス・ウェブスターは、ある意味では専門家に近い仕事を担っているとも言える。東畑の言葉を借りるなら、彼女の仕事は「ケア」の仕事でありながら、「セラピー」の仕事でもあるだろう。けれども、余人をもっては代え難い彼女の仕事は、依存労働というカテゴリーに分類され、世間では十分に評価されることがない。

以上のような依存労働の特徴は、ユートピア的なケアのネットワークを描き出すこの短編に見逃しようのない影を落としている。「熱」においてケアのネットワークが脆《もろ》く永続しないのは、その価値が低く見積もられているためだ。ミセス・ウェブスターが提供するケアがどれだけ素晴らしいものであろうと、それは市場の原理に基づいている限り、不安定なのである。

ミセス・ウェブスターのいる家には、温《ぬく》もりが感じられる。彼女とカーライルたち父子の関係は、これ以上なく良好だ。それにもかかわらず、彼女はカーライルの家を去らなければいけない。不安定な依存労働の仕事（ケアワーク）では、家族を養っていくだけの賃金を得ることができないのだ。ミセス・ウェブスターは、「今みたいな暮らしをずっといつまでも続けていくわけにもいかない」のだと告白する。リスク社会を生きる彼女と夫のジムには、「きちんと安定したものが必要」なのだ。[*13] 遠方に住むジムと前妻とのあいだにできた息子に誘われた彼らは、新天地に移って息子の家業を手伝うことを選択する（ただし、新天地で彼らの生活が安定するという保証はどこにもないのだが）。

ここで考慮に入れなければいけないのは、62歳のジムが失業中であることだ。カーヴァーの多くの短編は、新自由主義的な格差社会のなかで産業構造の変化に取り残されて失業した男性を主人公にしている。その意味でも、カーヴァーの短編の出発点となるのは、労働者階級に属する男性の脆弱性である。カーヴァーの短編においては、成人した男性がみな健常な生産者であるという前提が、覆されているのだ。

「熱」における主人公のカーライルは高校の教員であり、カーヴァーの他の短編における失業した男性たちよりは多少なりとも恵まれた状況にある。けれども、この短編においても、ジムの家庭の脆弱性はカーライルの家庭に大きな影響を与えている。家族を養うのに十分な仕事がジムにあれば――あるいは、ミセス・ウェブスターの依存労働に十分な対価が払われていれば――彼らは引っ越す必要はなかったのだ。

結局のところ、ミセス・ウェブスターもまた、ドゥーリアという構造から自由でいられるわけではない。彼女もまた、ケアすべき自分自身の家族を抱えているのだ。逆に言えば、カーライルは「私たちが人として生きるためにケアを必要とするのと同時に、私たちは、他の人々——ケアの仕事をする人々を含む——が生きるのに必要なケアを受け取れるような条件を提供する必要がある」というドゥーリアの原理を理解しているからこそ、仕事を辞めたいというミセス・ウェブスターの申し入れをすんなりと受け入れたのだろう。*[14]

この短編に「共助」は存在するが、「公助」は存在しない。*[15] 新自由主義的な社会においては「公助」が存在しないからこそ、「共助」が求められる。けれども、「共助」はいかに美しいものであっても、それが市場の原理によってコントロールされている限り、儚《はかな》く、脆い。そのような意味で、「熱」はケアのネットワークの可能性とともに限界をも示唆していると言えるのではないだろうか。

『なずな』——子どもがいることを基準に世界を眺める

英文学者の河野《こうの》真太郎は、近年の映画や漫画などの文化作品における「新たな男性性」を縦横無尽に論じた『新しい声を聞くぼくたち』の結論として、「男性性をめぐる物語が、どこまで掘り進んでも『個人』に帰着してしまう」ことの問題を指摘している。

「否定されるべき旧《ふる》い男性性が何であれ、獲得すべき新たな男性性が何であれ、その議論は個人が自力でいかにして正しい主体を獲得するかという個人の物語になってしまいがち」であり、「問題を個人の主体性のみに収斂《しゆうれん》させてしまうのは、それこそ新自由主義の思うつぼである」という河野の問題提起は、これまで本書が議論してきた内容とも重なる部分が多い。*16

本章でここまで検討してきたカーヴァーの「熱」という短編は、「問題を個人の主体性にのみ収斂させてしまう」ハリウッド映画とは対照的に、個人を超えたケアのネットワークを主題とした作品であった。以下に論じる堀江敏幸の長編小説『なずな』においても、そのような方向性は共通している。

『なずな』の主人公である菱山《ひしやま》は伊都川《いとがわ》という架空の小さな地方都市に住む独身の中年男性であるが、弟夫婦が出産前後に相次いで入院したために、彼らの子どもの「なずな」を預かっている。なずなは生後間もない赤ん坊で、育児経験のない菱山には苦労が絶えない。けれども、周囲の人々の助けもあり、なずなは少しずつ成長していく……というのが、この小説のあらましである。

センセーショナルな事件（ある日突然妻が家出する、親権を失った父親が女装して家に戻ってくる、いきなり父子がホームレスになる……）がほとんど起こらないこの小説において大きな魅力となるのは、菱山がなずなをケアする（配慮する、心配する）視線のあたたかさである。たとえば、なずなに粉ミルクを与えたあと、空気を抜くためにげっぷを出させるシーンは以下のように描写されている。

哺乳瓶を置いてまっすぐ縦に抱きなおし、肩より上に顔が出るようにして、背中をそっと叩《たた》いた。励ますように、祈るように、静かに叩き続けた。（中略）五分、十分。なにも考えず、てのひらでなずなの背中に触れる。どんな顔をしているのだろう。こちらから彼女の表情を確かめることはできない。気持ちがいいのかよくないのか。起きているのか眠っているのか。反応のなさに不安になりかけた頃、耳もとで、がっ、と小さく湿った空気の抜ける音がした。[*17]

安易な断定を避ける堀江の文体からは、菱山がもの言わぬ乳児を注意深く観察し、慮《おもんぱか》っている様子がうかがえる。傷つきやすい赤ん坊の身体をいたわる菱山のケアが、この文章からはにじみ出ている。

ただ、この小説においても、脆弱な身体を持つのは赤ん坊だけではない。「熱」の場合と同様に、『なずな』においてはケアを担う男性の脆弱性が繰り返し強調されている。たとえば、この小説の冒頭の場面では、何日も睡眠不足の状態が続いた菱山がやかんを電気コンロにかけた間に寝入ってしまい、ボヤ騒ぎを起こしてしまう。生後2か月の乳児はなかなかまとまった睡眠をとってくれないので、それをケアする保護者の生活リズムも必然的に不規則になる。40代も後半に差しかかり体力の衰えを日々実感する菱山にとって、そのような生活に順応することは容易なことではない。

この一件がボヤ騒ぎで済んだのは、菱山となずなが周囲の人々に見守られているからだ。いつの間にか眠り込んでいた菱山は、女性の声が聞こえた気がして目を覚ます。そして、それは夢ではない。近所に住む飲み友達であり医師の「ジンゴロ先生」の娘である友栄さんが彼の部屋のドアをノックし、呼びかけたのである。友栄さんがこのタイミングで菱山の家を訪れたのは偶然かもしれない。けれども、その直後に彼女はなずなを預かって顔色の悪い菱山に昼寝をとらせるのだから、「みんなに迷惑をかけ、世話をしてもらっているのは、なずなではなくて私のほうらしい」という菱山の感慨は、さほど的外れではないはずだ。*18

菱山は友栄さんだけでなく、多くの友人たちにケアされている。友栄さんの父である小児科／内科医のジンゴロ先生は胸の痛みを訴える菱山を診察するだけでなく、慣れない育児に右往左往する菱山に的確な助言を与える。菱山の住むマンションの1階にある飲み屋「美津保」では、ママの瑞穂さんがジンゴロ先生と一緒に菱山の話に耳を傾け、ときには一時的になずなを預かる。「日報」と呼ばれる地方紙の記者である菱山の同僚たちは、育児の負担を配慮して、菱山が自分のペースで仕事ができるように調整している。ケアのネットワークのなかで菱山が周囲の人々にサポートされているからこそ、なずなもすくすくと育つのだ。

この長編において、ケアを必要としている大人は菱山だけではない。菱山の弟の亮二は仕事で出かけたドイツの地方都市で自動車事故にあい、全身に大怪我を負って現地の病院で入院生活を余儀なくされており、「なにをするにも看護師の方々にお任せする以外にないというのだから、現状では赤ん坊とおなじ」である。[*19] 亮二の妻である明世さんもウイルス性感染症で入院しており、なかなか退院の目途がつかない。菱山の母親は認知症を患っており、自宅で父親にケアされている。この長編は、「自立した個人」を基準とした物語ではない。『なずな』の世界の核になっているのは、個別の事情により脆弱性を抱え、自由を制限された人々の関係性だ。『ケアの倫理とエンパワメント』のなかで英文学者の小川公代が述べているとおり、「脆弱性を認識するというのは、上から目線で〝助けてやる〟のではなく、自分たちのなかにある弱さを引き受けて〝共感する〟」ことなのである。[*20]

多くの登場人物が相互依存しながらケアを提供している『なずな』の小説世界は、まるでドゥーリアの理念を体現しているようだ。では、ドゥーリアという枠組みのなかで、家族とはいったいどのような意味を持つのだろうか？　菱山はこのように考える。

「なずなの周辺にいる人たちが即席の家族になって、本来あるべき家族の代役を果たしていた。それも、ひどく自然なかたちで。要するに、基本は『近くにいる』ということではないか」[*21]

伊都川という架空の共同体には、そのような代理の家族が至るところに存在している。たとえば、碁会所に通う小学生の子どもたちは、その常連である老人たちを実の祖父のように慕っている。端的に言えば、この小説は、「子どもは社会が育てるもの」であるという言い古された言葉を体現しているのだ。そして、その中心には、一言もしゃべれないのに「周りにいる人をみんな親戚にしちゃう」なずなの不思議な力が存在している。[*22]

それにしても、「近くにいる」というのは、どういうことなのだろうか？　菱山は、小説のなかで、まど・みちおの詩に思いをはせる。それは、こんな詩だ――

ぼくが　ここに　いるとき
ほかの　どんなものも

ぼくに　かさなって
ここに　いることは　できない

もしも　ゾウが　ここに　いるならば
そのゾウだけ
マメが　いるならば
その一つぶの　マメだけ
しか　ここに　いることは　できない

ああ　このちきゅうの　うえでは
こんなに　だいじに
まもられているのだ
どんなものが　どんなところに
いるときにも

その「いること」こそが
なににも　まして
すばらしいこと　として[23]

若き菱山は、この詩を「『ぼく』が生きていることの大切さに思いをめぐらす、つまり、『ぼく』を出発点にした詩として読んでいた[24]」。「他のなにものも自分には重なることができない」という認識に感銘を受けた菱山は、「ぼく」が「まず自分を切り開いていかねばならなかったのだ」と信じていたのである。[25]けれども、代理の父親としてなずなを育てているうちに、菱山はこの詩を違った角度から解釈するようになる。今、彼に響くのは、詩の後半の部分である。

人は、親になると同時に、「ぼく」や「わたし」より先に、子どもが「いること」を基準に世界を眺めるようになるのではないか。この子が、ここにいるとき、ほかのどんな子も、かさなって、いることは、できない。そしてそれは、ほかの子を排除するのではなく、同時にすべての「この子」を受け入れることでもある。マメのような赤ん坊がミルクを飲み、ご飯を食べてどんどん成長し、小さなゾウのようになっていく。そのとき、それをいとおしく思う自分さえ消えて、世界は世界だけで、たくさんのなずなを抱えたまま大きくなっていくのではないか。[*26]

育児を人的資本の一環とみなし「まず自分を切り開いていく」姿勢が前章までに論じてきた日米の「イクメン」言説に共通していたのに対して、ここでそのような「自分」は消え、「世界は世界だけで、たくさんのなずなを抱えたまま大きくなっていく」。「自分」はここで、「世界」すなわちケアのネットワークの一部であり、それ以上でもそれ以下でもない。なずなは私の「子」でありながら他の人の「子」でもあるのだし、私はなずなの「親」でありながら他の子どもの「親」でもありえる。「子どもが『いること』を基準に世界を眺める」というのは、キテイの言葉を借りれば、私たちが「みな誰かお母さんの子ども」であると認識することなのだろう。程度や期間の差こそあれ、人間はみな他者に依存しなければ生きていけないのだから、自立という状態こそが例外的であるとも言えるはずなのだ。ケアを必要としている人々やケアを提供する人々の目線に立ったとき、世界は違った輪郭を持って立ち上がってくる。

ケアのネットワークと社会

市場原理に基づいた共助の脆さを示唆する「熱」とは対照的に、『なずな』における共助の絆は最後まで力強い。おそらくそれは、『なずな』におけるケアが市場の原理に依存していないためである。『なずな』における共同体のつながりを支えているのは、「カネ」ではなく「モノ」を交換することだ。「お金で買えないもの」こそが、この長編世界では潤滑油のような役割を果たしているのである。

たとえば、『なずな』においては、実に多くの食べ物が無償で交換されている。「日報」の記者たちは取材先の知り合いから野菜を分けてもらい、彼らはそれを菱山に届ける。すると今度は、菱山がその野菜を「美津保」に転送し、瑞穂さんに料理してもらう。あるいは、友栄さんはシュークリームを持って菱山の部屋にやってくるし、菱山は自分のために用意したカレーピラフを友栄さんに振る舞う……。『なずな』におけるケアのネットワークは、「ご近所づきあい」の延長線上に存在しているといってよい。隣人性とは、ケアに満ちた共同体を作り上げるため（あるいは、共同体をケアするため）に鍵となる概念なのである。[*27]

ただし、牧歌的にも思えるそうした関係性の裏には、さまざまな問題が存在していることも忘れてはならない。予防接種のときに菱山の隣の席にいた母親は、紙おむつの捨て方が悪い、臭いがひどいといった苦情をご近所から受けて困っている。また、明世さんが入院した当初に家事や育児を引き受けてくれた彼女の親戚筋の女性は、子育て支援の私設サークルを利用するようしつこく勧めるが、そのサークルの背後には「好ましくない団体」がついている。この長編が描き出すケアのネットワークはユートピア的ではあるが、そこには不吉な影のようなものも同時に感じられるのだ。そもそも「日報」のアンケートによれば、9割以上の夫が料理をしないというのだから、菱山のような男性は、この共同体においても、例外的な存在であることは間違いない。

また、「熱」の場合と同様に、この小説において公的なケアの影が薄いことも重要だ。菱山が友人たちの助けを借りながらひとりで子育てをしているのは、ひとつには、市が運営する託児所がどこも満員で順番待ちだからである。ジンゴロ先生は菱山が勤める新聞社の社主に託児所を世話するよう提言するし、その提言を受けて社主も空きのある非認可の託児所を菱山に紹介しようとするのだから、この小説において登場人物たちが公助という概念に無頓着であるわけではない。

けれども、この小説に描かれているような共助に限界があることもまた、明らかである。やがて、なずなはずり這いを始め、歩き出し、「魔の二歳児」を迎えることになる。いくら周囲の人間に助けられているとはいえ、そのときまでずっと働きながらひとりで子どもの世話をするというのは、決して簡単なことではない。この小説が描き出す共助というケアのネットワークをどのようにして公助という形につなげていくことができるのか──それは、読者の想像に委ねられている。

『なずな』に関して最後にもうひとつ指摘しておきたいのは、ケアのネットワークの根幹となる共同体が、この小説において変化しつつあることである。ここまで議論してきたように、『なずな』という小説において祝福されているのは、周囲の人々との緩やかなつながりから生まれる重層的なケアである。けれども、この小説においてケアされるのは人間だけではない。菱山は、なずなという乳児だけでなく伊都川という地方都市をもケアしている（その未来を案じている）とは言えないだろうか。

「派遣会社に登録して短いサイクルでいろんな仕事をこなしているうち、だんだん都会の生活そのものに耐えられなくなってきた」菱山にとって、地縁を基盤とした暮らしは肌に合っていたのだろう。[*28] 伊都川という架空の地方都市は、子どもだけでなくすべての人間が潜在的な弱者としてケアされる場所であるからこそ、菱山にとって（そしてなずなにとって）「ホーム」であると感じられるのだ。

けれども、環状道路の建設が検討され、ショッピングモールが人々の生活を変えていくにつれて、そのような暮らしは少しずつ、しかし不可逆的に、変わっていく。「小さな不幸をたどっていくと、伊都川の近辺ではかならず道路の話になる」というのが菱山の見解だ。[*29] 長い歴史を持つ伊都川という都市は、誕生したばかりの赤ん坊であるなずなとは別の意味で、ケアを必要としているのである。

たとえばショッピングモールの近辺には回転寿司屋が4軒、それに加えてハンバーガーショップや焼き肉屋が集中しており、週末になるとこの近辺ではひどい渋滞が発生している。こうした店が流行する一方で、大きな道路から外れた場所に存在する「美津保」のような個人経営の飲み屋はどれだけの客を集められるのだろうか？　インターネットが情報の流れを変え、加速化していくなかで、菱山たちの「日報」は読者の興味をいつまでつなぎとめられるだろうか？「道路が通じてさらに便利になった場合、市全体の雰囲気はいったいどうなるのだろうか。気がついたら、それこそなにが悪いのか特定できない状況になっていはしないだろうか」

——そう菱山は問いかける。[*30]

すべての人が等しくケアされるような都市を持続するためには、どうすればよいのだろうか？　そのような問いに対して、『なずな』は明確な答えを提示していない。心情的には開発に反対している菱山や瑞穂さんでさえ、ショッピングモールを日常的に使用しており、そこから入手した輸入食材によって彼らの味覚までもが変化しているのだから、話はなかなか複雑である。

それでも菱山は、「日報」の記者として伊都川の変化を克明に記録し続ける。まるでそうすることが、なずなをともに育ててくれた伊都川の人々に対する恩返しであるかのように、菱山は変わりゆく街を観察し、ケアし続ける。ベビーカーを押しながら地道に街の取材を繰り返す菱山は、「子どもが『いること』を基準に世界を眺め」たときに見えてくるものを周囲の人々と共有する。

「あんたの書くものは、この狭い地域を乳母車押してうろうろしだしてからのほうがいい[*31]」

ジンゴロ先生は、そんな風に菱山の文章を評価している。これは一見すると「育児は仕事の役に立つ」という定型をなぞっているように思えるかもしれないが、菱山は育児の経験を仕事に活かして出世を目論んでいるわけではもちろんない。『なずな』において、育児は人的資本の一部ではなく、地域をよりよくケアし、他者とつながるための第一歩なのだ。社会がなければ育児はできないし、育児ができなければ社会も存在しない——そんな当然の道理を、新自由主義的な価値観に染まった私たちに改めて思い出させてくれる『なずな』は、ある意味で、究極の「ケア小説」なのではないだろうか。

おわりに

本書では、日米それぞれの文化において子育てをする男性がどのように描かれているかを検討してきた。では、そうした文化の実例から私たちは何を学べるのだろうか？　ここではポイントとなる議論を簡潔に振り返りつつ、「イクメン」にまつわる諸問題を改めて総括したい。

日英の『FQ』を比較した第一章から浮かび上がってきたのは、「ジェンダー問題において日本は欧米諸国に後れをとっている」という単純化された構図の問題点である。何度も繰り返すが、ことジェンダーに関する限り日本社会には課題が山積みであり、そのことはいくら強調してもし過ぎることはない。ただ、だからといって欧米諸国にはジェンダーの問題が存在しないということにはならないはずだ。

少なくとも私の専門であるアメリカ研究の領域では、アメリカが「ジェンダー先進国」として認識されることは稀有《けう》である。たとえば、第四章から第六章で題材としたハリウッド映画は、アメリカ研究の文脈では批判的に論じられることが多い作品である。そうした批評のなかでは、『クレイマー』をはじめとする男性育児映画のなかで女性が「家庭を捨てたキャリア・ウーマン」として表象され、男性ヒーローの引き立て役になっていることが繰り返し指摘されてきた。

ところが、本書で引用した雑誌・新聞記事などからもわかるように、日本国内においてこれらの映画に言及されるとき、そうした批判的な視点は抜け落ちてしまうことが多い。私たちの社会はアメリカの「イクメン」文化を無視していたから「遅れて」しまったわけではない。むしろ、日本ではそうした文化が男性中心的であることが十分に批判されず受け入れられてきたからこそ、父親の育児がいまだに色物扱いされているのだとも考えられるのではないだろうか。

では、『クレイマー』をはじめとするハリウッド映画の問題点とは具体的にはどのようなものだっただろうか？　まず重要なのは、これらの映画があまりにも男性中心的な視点から構成されていることである。本書ではメロドラマ映画という枠組みを参照しつつ、これらの映画において「ワンオペ」のような形で育児をする男性がイノセントな「被害者」として描かれていることを確認してきた。そのような枠組みのなかでは家庭を捨てて自立を志向する女性が育児と仕事を両立させる男性と対比され、フェミニズムがアメリカ社会に与える悪影響が強調される。

「女性を優遇する」ものとしてフェミニズムが歪曲化《わいきよくか》され批判の対象となる一方で男性が受ける傷が観客の同情を誘うというメロドラマ的な構図は、男性学という研究分野の危うさとも関係しているように思われる。ジェンダー研究者の江原由美子は「男性当事者の立場で男性の悩みに焦点を当てた男性学」を「男はつらいよ型男性学」と呼び、それが「『フェミニズム叩き』『マイノリティ叩き』という、『ジェンダー平等』とは逆の方向の言説と、呼応してしまいがち」であることを論じている。*1「男性もジェンダー問題の被害者である」という一見するともっともな主張が「男性こそが被害者である」という排他的で攻撃的な言説にたやすく転じうることを、私たちは肝に銘じておかなければいけない。

本書のなかで私が意図したことのひとつは、「イクメン」の文化のなかで抑圧されがちな女性の声に耳を傾けることであった。父親の育児を主題としたハリウッド映画のなかで女性がステレオタイプ的に描かれ、不可視化されているのであれば、その理由が検討される必要があるはずだ。父親だけに焦点を当て、男性の排他的な視点から議論を進めるのはフェアではない。父親の「つらさ」をことさらに強調するのではなく、父親と他者との関係性をより大きな文脈のなかに位置づけることが重要なのだ。

仕事と育児の間で板挟みとなって孤独に苦しむテッド・クレイマーは確かに「つらそう」だ。けれども、現実の世界において育児と仕事の両立により苦しんでいるのが多くの場合女性であることを考えれば、もう少しジョアンナの「つらさ」に寄り添った映画を作ることはできなかったのだろうか？　彼女はひとりで子育ての重荷を背負っていた5年半、どのようにして毎日を過ごしていたのだろうか？　そのブランクを乗り越えて仕事に復帰することはどれだけ大変だっただろうか？　この映画がジョアンナの立場から撮られていれば、彼女に親権が与えられることは不自然なことに感じられただろうか？

私はなにも、「イクメンはつらいよ」なんて言うなと主張したいわけではない。どう考えてもしんどそうな状況に追い込まれた父親を、私は個人的に何人も知っている。けれども、男性が「つらい」状況に置かれていることに対する憤りが女性やフェミニズムに向かってしまうというのは、あまりにも非生産的だと思うのだ。

ただし、アメリカ映画に関して言えば、ここ数年で潮目は確実に変わりつつある。『マリッジ・ストーリー』（ノア・バームバック、2019年）、『ファザーフッド』（ポール・ワイツ、2021年）、『カモン　カモン』（マイク・ミルズ、2021年）といった男性の子育てを主題とした近年の映画においては、母親や親族の女性の視点が映画に重層的な深みを与えている。孤立した男性をことさらに美化することを拒むこれらの映画は、ケアのネットワークのなかで男性が果たす（限定的ではあるが、極めて重要な）役割に焦点を当てているという点で、第八章で論じた「熱」と『なずな』に通じるものがあるのではないだろうか。

第八章で論じた日米の小説に共通していたのは、男性の傷つきやすさが物語の重要な鍵となっていることである。ケアという行為をひとりで引き受けることの危うさが、これらの物語から浮かび上がってくる。

ただし、男性が受けた傷を強調しメロドラマの枠組みのなかで父親を「被害者」として美しく描くハリウッド映画とこれらの小説には、本質的な違いがある。これらの小説においては、主人公の男性たちだけが傷つきやすいわけではなく、他の多くの登場人物も——そして彼らが暮らす社会までもが——傷つきやすいのである。

「男性は自分たちが抱えている傷を抑圧するべきではない」という主張はもっともである。けれども、第八章で述べたように、「私たちが人として生きるためにケアを必要とするのと同時に、私たちは、他の人々——ケアの仕事をする人々を含む——が生きるのに必要なケアを受け取れるような条件を提供する必要がある」というドゥーリアの原理を出発点にするのであれば、

「男性の傷」だけでなく、「女性の傷」（あるいは「社会の傷」）についてもあわせて理解を深める必要があるはずだ。

「イクメン」という言葉だけが独り歩きしないような状況を作るために必要なのは、そこに女性の視点を組み入れることである。「とるだけ育休」という言葉が最近注目されているが、男性が育休を取得しても家事や育児の戦力にならないというのでは本末転倒である。

近年の日本においては、子育て中の男性を支援する体制がかつてないほどに整備されてきている。２０２２年には改正育児・介護休業法が施行され、出生後８週間以内に４週間までの休業を従来の育休制度に加えて取得することが可能な「産後パパ育休」（出生時育児休業）制度が導入された。また、政府の後押しもあり、男性の育休取得率は近年大幅に上昇している。２０２１年度の男性育休取得率は13・97％。[*2] もちろんこれは理想からはほど遠い数字であるが、育休取得率が数十年以上にわたり一桁台の前半で推移していたことを考えれば、これは良い兆しではあるはずだ。

けれども、男性の育休取得率はひとつの目安であり、最終的な目標ではない。何らかの形で育児に携わる男性が（いまだ不十分ではあるが）増えてきていることは歓迎すべきだ。けれども、育休という制度だけが独り歩きすることを防ぐためには、女性の視点からのフィードバックが不可欠である。

そのような問題意識のもとで、私は育児に携わっている（あるいは興味を持っている）男性だけでなく、女性にも読んでいただくことを想定して本書を執筆した。その試みが成功しているかどうかは読者の判断を仰ぐよりほかないが、「イクメン」に関する研究が女性の視点からも厳しく評価されることを、私は望んでいる。

本書で力を入れて検討してきたもうひとつの論点は、男性の育児の背後に見え隠れする新自由主義的な価値観である。アメリカと日本の保育制度を概観した第二章と第三章では、新自由主義的な政策の導入により、育児が市場原理に委ねられる傾向が加速したことを論じた。母親からも社会からも孤立して「ワンオペ」で子育てをする父親たちがハリウッド映画において美化されることは、そのような背景から理解することができる。

また、福祉国家の崩壊を個人のレベルで救う白人中流階級の父親がヒーローとして位置づけられる一方で、黒人や労働者階級の父親が国家の財政に負担をかける「デッドビート・ダッド」としてスティグマ化されることも忘れてはならない。男性や父親が必ずしも一枚岩ではないという前提に立ち、「父親の育児」というジェンダーの問題が人種や階級といった要素とのように関係しているのかを理解することが重要である。

父親の子育てが階級の問題でもあるという観点は、近年の日本における「イクメン」文化を批判的に考察するためにも欠かせない。第七章で論じたように、子育てのスキルが仕事にも応用可能であるという発想は、ケアを人的資本の一部に歪曲化してしまう。

育児も仕事の役に立つという主張は、男性の育児が日本社会になかなか根づかない現状を打破することを目的として生まれたものである。子育てをする男性が職場において十分にサポートされていない日本社会の現状に鑑みれば、そのような主張が必要とされてきた背景は理解できなくもない。

けれども、そのような主張には副作用もあるはずだ。現実問題として、育児が仕事の役に立つかどうかは職種や職場でのステータスによって大きく異なる。そのような側面を無視して育児の経験を人的資本に変換することができるエリート層の男性だけを称賛すれば、それは男性間の格差を助長してしまうかもしれない。育児は「仕事の役に立つから」行うべきなのではなく、家庭の、母親の、子どもの、そして社会のために行うべきことなのだ。

本書では新自由主義の文化に焦点を当て、それが企業家的な「個人」の自由を称賛する一方で「社会」を軽視することの問題点を論じてきた。ただし、個人をとるか社会をとるか選べ、というのもまた極端な話である。個々の家庭のなかで家事や育児をどのように分担するべきか話し合うことも重要だし、社会のなかで子育てをサポートする体制をどのように充実させていくかという問いも大切だ。

私は「個人」のレベルでの選択が重要ではないと主張しているわけではない。私が提言したいのは、「個人」のレベルでのジェンダー平等を「社会」のレベルでのジェンダー平等につなげることである。「イクメン」というライフスタイルが人的資本への投資として称賛される一方でケア労働者の収入が不当なまでに低い現状を打破するためには、どうすればよいか。保育園などで痛ましい事件が起こり続けている状況を変えるためには何ができるのか。社会における育児の問題に目を広げて声を上げれば、その成果は必ず自分たちに返ってくるはずである。

育児は楽しいものでなくてもよい。仕事の役に立たなくてもよい。そして男性がひとりでケア労働の重責を担う必要もない。「イクメン」という言葉に含まれた余分な価値観をふるい落とし、子どもをケアすることそれ自体が持つかけがえのない意味に向かい合ったとき、私たちははじめて「父親」になるのではないだろうか。

あとがき

子育てが父親ひとりではできないように、この本も私ひとりの力では完成することができなかった。本書の執筆をサポートしてくださった方々のお名前をここですべて挙げることはできないが、この場を借りて感謝申し上げたい。

本書の基礎となったのは、ハワイ大学アメリカ研究科に２０１８年に提出した博士論文である。主査である Kathleen Sands 先生には、ケアするということがどういうことなのかを教室の内外で身をもって示していただいた。Jonna Eagle 先生には、映画研究の楽しさと厳しさを一から根気強く教えていただいた。そして吉原真里先生には、博論の執筆中から今に至るまで一貫して私の原稿に誰よりも早く目を通していただき、丁寧なフィードバックをいただいた。吉原先生が常に励ましてくれたからこそ、本書をこうして最後まで書き上げることができたのだと思う。どうもありがとうございました。

アメリカだけでなく日本で受けた教育も、本書のベースとなっている。平石貴樹先生に教わる機会がなければ、家族という枠組みを研究の対象にすることはなかったかもしれない。柴田《しば た》元幸先生には、ひとつひとつの言葉を注意深く選ぶことの重要性を教わった。

フェリス女学院大学の英語英米文学科では、最良の同僚に恵まれている。学生たちの意見は多くの示唆を与えてくれたし、ジェンダー・スタディーズ・センターの立ち上げメンバーのおかげで、この本を執筆することのモチベーションはいっそう大きなものになった。また、図書館のスタッフの方々には資料を集めるために何度もご尽力いただいた。改めて感謝申し上げたい。

本書の編集を担当していただいた野呂望子《のぞみ》さんにもお礼を申し上げなければならない。アメリカの文化における男性の育児を日本におけるそれと比較するという本書の構成は、野呂さんが提案してくださったものである。おかげで、本書の問題意識はよりクリアになったように思う。また、本書の構想段階からずっと相談に乗っていただいた中谷早苗《さなえ》先生にも感謝の気持ちを捧《ささ》げたい。

アカデミックな領域で活躍されている方々だけが本書の執筆をサポートしてくれたわけではない。子育てにおける「社会」の重要性に気付かせてくれたのは、私の娘と息子をこれ以上はないというほど丁寧にケアしてくださった保育園や学童保育のスタッフの方々である。理想の子育てと言われて私がすぐに思い出すのは、子どもたちが保育園の先生方に見守られながら、園庭で賑やかに遊んでいる光景だ。

私の父親と母親には、ことあるごとに子どもの世話をしてもらっている。また、義父や義母をはじめとするすべての家族に支えられているからこそ、私はこれまでなんとか子育てをしてこられたのだと思う。そして、いろいろな局面でお世話になっている昔からの友人たちにも、一言お礼を。

この本に本当の意味でインスピレーションを与えてくれたのは、娘と息子である。この本は彼らと一緒に育まれたようなものだと感じている。

そして誰よりも、この本は妻に捧げたい。パートナーに恵まれたからこそ、ケアの担い手として未熟な自分がここまで来ることができたのだと思う。いつも本当にありがとう。

２０２３年３月

関口洋平

本書は科研費（19K13108）の研究成果の一部である。

また、本書の一部は以下の論文を基礎にしたものである。

「『イクメン』の誕生と新自由主義　20世紀後半アメリカにおける白人中流階級の父親の表象について」『アメリカ研究』51、２０１７年、１８１‐２０３頁

「日本の父親は遅れている？　日英版『ＦＱ』を読み解く」『フェリス女学院大学英文学会会誌』54、２０２２年、５‐12頁

「新自由主義とアメリカにおける保育」『*Ferris Research Papers*＝フェリス女学院大学大学院人文科学研究科英米文学英語学専攻研究報』12、２０２２年、４‐17頁

註

【はじめに】

＊1　「イクメン」という言葉に対する葛藤は、朝日新聞「父親のモヤモヤ」取材班『妻に言えない夫の本音　仕事と子育てをめぐる葛藤の正体』（朝日新書、2020年）を参照。

＊2　子育て中の家庭が社会のなかで孤立している現状に関しては、榊原智子『「孤独な育児」のない社会へ　未来を拓く保育』（岩波新書、2019年）を参照。

＊3　社会学的な視点から育児をする父親について分析した研究としては、以下を参照。石井クンツ昌子『「育メン」現象の社会学　育児・子育て参加への希望を叶えるために』（ミネルヴァ書房、2013年）、巽真理子『イクメンじゃない「父親の子育て」　現代日本における父親の男らしさと〈ケアとしての子育て〉』（晃洋書房、2018年）、Gayle Kaufman, *Superdads: How Fathers Balance Work and Family in the 21st Century* (New York: New York UP, 2013), William Marsiglio and Kevin Roy, *Nurturing Dads: Social Initiatives for Contemporary Fatherhood* (New York: Russell Sage Foundation, 2012)。

＊4　「イクメン」に限らず、日米の文化における男性の表象を批判的に検討した論考として、近年出版された以下の二冊の本を挙げておきたい。河野真太郎『新しい声を聞くぼくたち』（講談社、2022年）、杉田俊介『マジョリティ男性にとってまっとうさとは何か　#MeTooに加われない男たち』（集英社新書、2021年）。

【第一章】

＊1　内閣府男女共同参画局「『平成28年社会生活基本調査』の結果から～男性の育児・家事関連時間～」

＊2　アメリカ研究者の三牧聖子は『Foresight』に寄稿した記事のなかで、「タリバンだけでなく米国もまた、その軍事力で、アフガン女性の生命や生活、人権を深刻に脅かしてきた」と述べている。三牧聖子「女性の解放者としての米国？―アフガニスタン戦争の欺瞞」、2021年9月3日。https://www.fsight.jp/articles/-/48224

＊3　『FQ JAPAN』創刊号、2006年12月。

＊4　これらの雑誌の分析に関しては、以下を参照。石井、前掲、54-57

頁。橋本嘉代『なぜいま家族のストーリーが求められるのか 「公私混同」の時代』(書肆侃侃房、2020年) 128-142頁。また、『たまごクラブ』、『ひよこクラブ』の父親コーナーに関しては、巽、前掲、51-75頁を参照。

＊5　*FQ: The Essential Dad Mag*, September/October 2004, 40-43.

＊6　Ibid., 11.

＊7　Ibid., 52-54. この類いのセックス特集は、他の号でも確認できる。"Total Sensory Sex: Discover What Really Presses Her Buttons"; "Return of the Minx: Top Tips for Coaxing out That Pre-Childbirth Sex Goddess You First Dated" など。

＊8　Ibid., 44-50.

＊9　Ibid., 61.

＊10　『FQ JAPAN』創刊号、2006年12月、54-55頁。

＊11　『FQ JAPAN』第2号、2007年3月、92-93頁。

＊12　橋本嘉代は、『OCEANS』にも同じような傾向が見られることを指摘したうえで、「日本に先行する欧米からライフスタイルが輸入され、それらが日本で受容されるにつれ次第に日本向けにアレンジされていく」と述べている。橋本、前掲、137頁。

＊13　同前、80-98頁。

＊14　『FQ JAPAN』第41号、2016年12月、34頁。Dad という言葉に関しては、日本語の一部として使われているもののみをカウントした。

＊15　『FQ JAPAN』第16号、2010年9月、34-37頁。

＊16　『FQ JAPAN』第30号、2014年3月、16-33頁。

【第二章】

＊1　ウェンディ・ブラウン、中井亜佐子訳『いかにして民主主義は失われていくのか　新自由主義の見えざる攻撃』(みすず書房、2017年) 2頁。著者の判断で一部、翻訳を改変したことをお断りしておく (翻訳を使用した箇所に関しては以下同様)。

＊2　ミシェル・フーコー、慎改康之訳『生政治の誕生　コレージュ・ド・フランス講義　1978-1979年度』(筑摩書房、2008年) 278頁。

＊3　人的資本に関する考察としては、Michel Feher, "Self-Appreciation; or, The Aspirations of Human Capital," *Public Culture* 21.1 (2009), 21-41 が重要である。

＊4　実際に、福祉費を受給する女性の多くがDVを受けているという

データもある。Laura Briggs, *How All Politics Became Reproductive Politics: From Welfare Reform to Foreclosure to Trump*（Oakland: UP of California, 2017）, 64.

＊5　https://www.reaganfoundation.org/ronald-reagan/reagan-quotes-speeches/inaugural-address-2/（翻訳は著者による）

＊6　ただし、「新自由主義＝小さな政府」という図式を鵜呑《うの》みにすることも危険である。たとえば、2008年の金融危機の際にアメリカ政府がAIGやファニーメイ、フレディマックといった大企業を救済するために巨額の公的資金を投入したことを考えると、新自由主義が理想とする「小さな政府」は建前にすぎず、現実の新自由主義的な社会においては政府が市場をコントロールし、富裕層が資本を蓄積し続けるように誘導しているとも言える。新自由主義の理念と実践の乖離《かいり》に関しては、Philip Mirowski, *Never Let a Serious Crisis Go to Waste: How Neoliberalism Survived the Financial Meltdown*（New York: Verso, 2013）を参照。

＊7　Lynda Laughlin, *Who's Minding the Kids? Child Care Arrangements: Spring 2011*（Washington DC, U.S. Census Bureau, 2013）.

＊8　Child Care Aware of America, "The US and the High Price of Child Care: An Examination of a Broken System: 2019 Report,"（Arlington, Child Care Aware of America）, 44.

＊9　アメリカにおける企業内保育所に関しては、萩原久美子『迷走する両立支援　いま、子どもをもって働くということ』（太郎次郎社エディタス、2006年）115-156頁を参照。

＊10　Child Care Aware of America, "The US and the High Price of Child Care: An Examination of a Broken System: 2019 Report," 44.

＊11　ある調査によれば、ファミリー・デイケアにおける子どもの死亡率はデイケア・センターと比べて16倍も高かったという。Edward Zigler, Katherine Marsland and Heather Lord, *The Tragedy of Child Care in America*（New Haven: Yale UP, 2009）, 7.

＊12　アメリカにおいて子育てをするカップルにとって親戚が重要な役割を果たしていることに関しては、メアリー・C・ブリントン、池村千秋訳『縛られる日本人　人口減少をもたらす「規範」を打ち破れるか』（中公新書、2022年）48-53頁を参照。

＊13　Sonya Michel, *Children's Interests/Mothers' Rights: The Shaping of America's Child Care Policy* (New Haven: Yale UP, 1999), 242.

＊14　この法案が失敗に終わった経緯に関しては、Zigler, Marsland and Lord, *The Tragedy of Child Care in America*, 13-39 に詳しい。

＊15　レーガン政権による保育改革に関しては、Simon Black, *Social Reproduction and the City: Welfare Reform, Child Care, and Resistance in Neoliberal New York* (Athens: UP of Georgia, 2020), 71-81 を参照。

＊16　ジェンダーの観点からPRWORAを分析した研究としては、佐藤千登勢『アメリカの福祉改革とジェンダー 「福祉から就労へ」は成功したのか？』（彩流社、2014年）を参照。

＊17　Black, *Social Reproduction and the City*, 92. ニューヨーク州では福祉受給者の就労を促すため、利用できる保育施設を少なくともふたつ（うちひとつは州の規制を満たしたもの）告知することが法律で義務付けられていたが、この法律はしばしば反故《ほご》にされた。福祉受給者を減らしたぶんだけケースワーカーにボーナスが支給されるといった事情もあり（新自由主義的な競争原理がここにも適用されている）、TANFの受給者が利用できる保育施設を親身になって探すケースワーカーは少なかったという。Black, *Social Reproduction and the City*, 107-110.

＊18　ロバート・D・パットナム、柴内康文訳『われらの子ども　米国における機会格差の拡大』（創元社、2017年）87頁。

【第三章】

＊1　2021年8月21日、個人インタビュー。

＊2　萩原久美子「保育供給主体の多元化と公務員保育士―公共セクターから見るジェンダー平等政策の陥穽」『社会政策』8.3（2017年）66頁。

＊3　汐見稔幸・松本園子・髙田文子・矢治夕起・森川敬子『日本の保育の歴史　子ども観と保育の歴史150年』（萌文書林、2017年）318頁。

＊4　猪熊弘子『「子育て」という政治　少子化なのになぜ待機児童が生まれるのか？』（角川SSC新書、2014年）101頁。

＊5　内閣府国民生活局物価政策課「保育サービス市場の現状と課題―『保育サービス価格に関する研究会』報告書―」2003年。

＊6　2000年代の保育園民営化については、たとえば以下の文献を参照。汐見稔幸・近藤幹生・普光院亜紀『保育園民営化を考える』（岩波ブッ

クレット、2005年)、二宮厚美『構造改革と保育のゆくえ』(青木書店、2003年)、平松知子『保育は人 保育は文化　ある保育園民営化を受託した保育園の話』(ひとなる書房、2010年)。

＊7　厚生労働省、平成12年〜令和3年社会福祉施設等調査。

＊8　小林美希『ルポ 保育格差』(岩波新書、2018年) 60頁。

＊9　小林美希「公共の存在である保育所の変質」(近藤幹生・幸田雅治・小林美希編著『保育の質を考える　安心して子どもを預けられる保育所の実現に向けて』明石書店、2021年) 73-80頁。

＊10　内閣府「平成29年度『幼稚園・保育所・認定こども園等の経営実態調査』報告書」より算出した。

＊11　小林美希「公共の存在である保育所の変質」67-69頁。この問題に関して小林は、2019年9月から2020年8月の『世界』での連載「ルポ 保育園株式会社」において、より詳細に分析している。

＊12　国税庁、平成26年分民間給与実態統計調査。

＊13　小林美希『ルポ 保育崩壊』(岩波新書、2015年) 55頁。

＊14　エヴァ・フェダー・キテイ、岡野八代・牟田和恵監訳『愛の労働あるいは依存とケアの正義論』(白澤社、2010年) 54頁。

＊15　上野千鶴子『ケアの社会学　当事者主権の福祉社会へ』(太田出版、2011年) 158頁。

＊16　菊地夏野『日本のポストフェミニズム 「女子力」とネオリベラリズム』(大月書店、2019年)、59頁。また、菊地は「『活躍』という言葉からは何らかの競争で常に上を目指して動いている様が思い浮かぶ」とも述べている。菊地夏野「憧れと絶望に世界を引き裂くポストフェミニズム―『リーン・イン』、女性活躍、『さよならミニスカート』―」『早稲田文学』2019年冬号、7頁。

＊17　ナンシー・フレイザー、向山恭一訳『正義の秤《スケール》　グローバル化する世界で政治空間を再想像すること』(法政大学出版局、2013年) 137-158頁。また、ナンシー・フレイザー「フェミニズムはどうして資本主義の侍女となってしまったのか―そしてどのように再生できるか」、同「資本主義におけるケアの危機」『早稲田文学』2019年冬号、15-26頁も参照。

＊18　日本におけるジェンダーと少子化、新自由主義の関係については上野千鶴子『女たちのサバイバル作戦』(文春新書、2013年) を参照。

＊19　マイケル・サンデル、鬼澤忍訳『それをお金で買いますか　市場主

義の限界』(ハヤカワ文庫、2014年)163頁。

【第四章】

＊1　『毎日新聞』朝刊、1980年4月9日。

＊2　日本文化のなかで『クレイマー』が「父親の育児」を示す記号として流通していることは、週刊誌における記事のタイトルからも確認できる。「ブッ飛び聖子のおかげで神田正輝は涙のクレイマー・クレイマー寸前!―奥様は魔女」『週刊大衆』33.49(1990年)205頁、「河合奈保子―クレイマークレイマーだったJ・チェン　妻とはすでに別れていた!」『週刊女性』36.10(1992年)26-27頁、「『クレイマー、クレイマー』独占告白　安岡力也　シングルファザー生活2年!『息子の言葉に泣くこともあるよ…』」『女性自身』47.5(2004年)194-195頁。

＊3　Linda Williams, "Melodrama Revised," ed. Nick Browne, *Refiguring American Film Genres: History and Theory* (Berkeley: University of California Press, 1998), 42. ウィリアムズのメロドラマ論に関しては、以下も参照。Linda Williams, *Playing the Race Card: Melodramas of Black and White from Uncle Tom to O.J. Simpson* (Princeton: Princeton UP, 2001).

＊4　Linda Williams, "'Tales of Sound and Fury. . .' or, The Elephant of Melodrama," eds. Christine Gledhill and Linda Williams, *Melodrama Unbound: Across History, Media, and National Cultures* (New York: Columbia UP, 2018), 215.

＊5　この映画の現代的なリメイク版と評されることも多い『マリッジ・ストーリー』(ノア・バームバック、2019年)と比較してみると、『クレイマー』におけるジェンダー的な偏りがよりはっきりとわかるかもしれない。『マリッジ・ストーリー』においては、『クレイマー』の場合と同様に養育権をめぐる争いの醜さが強調される一方で、父親(アダム・ドライバー)だけでなく母親(スカーレット・ヨハンソン)の視点を取り込んでいる点が『クレイマー』とは大きく異なっている。

＊6　Williams, "Melodrama Revised," 65.

＊7　Stella Bruzzi, *Bringing up Daddy: Fatherhood and Masculinity in Post-war Hollywood* (London: British Film Institute, 2005), 110.

＊8　David Savran, *Taking It Like A Man: White Masculinity, Masochism, and Contemporary American Culture* (Princeton:

Princeton UP, 1998), 38.

＊9　男性メロドラマにおける涙の意義については、Tania Modleski, "Clint Eastwood and Male Weepies," *American Literary History* 22.1 (2010), 136-158を参照。

＊10　Herb Goldberg, *The Hazards of Being Male: Surviving the Myth of Masculine Privilege* (New York: Nash, 1976); Warren Farrell, *The Liberated Man: Beyond Masculinity—Freeing Men and Their Relationships with Women* (New York: Random House, 1974).

＊11　杉田、前掲。

＊12　Jonna Eagle, "Men's Movements," ed. Bret E. Carroll, *American Masculinities: A Historical Encyclopedia* (Thousand Oaks: Sage Publications, 2003), 302. アメリカにおける男性性研究の展開については、以下の論文も参照。海妻径子「CSMM（男性［性］批判研究）とフェミニズム」『現代思想』47. 2（2019年）92-104頁。

＊13　Williams, "Melodrama Revised," 52.

＊14　Jonna Eagle, *Imperial Affects: Sensational Melodrama and the Attractions of American Cinema* (New Brunswick: Rutgers UP, 2017), 11.

＊15　映画の台詞は拙訳による（以下すべて同様）。

＊16　Elisabeth R. Anker, *Orgies of Feeling: Melodrama and the Politics of Freedom* (Durham: Duke UP, 2014).

＊17　A・R・ホックシールド、布施由紀子訳『壁の向こうの住人たち　アメリカの右派を覆う怒りと嘆き』（岩波書店、2018年）。

＊18　文化理論家のローレン・バーラントは、「公的領域がトラウマ化される一方で、私的領域は痛みの存在しない親密な空間として理解される」のが20世紀後半のアメリカ文化の特徴であると述べている。Lauren Berlant, "The Subject of True Feeling: Pain, Privacy, and Politics," eds. Austin Sarat and Thomas R. Kearns, *Cultural Pluralism, Identity Politics, and the Law* (Ann Arbor: UP of Michigan, 1999), 56.

＊19　Simon Black, *Social Reproduction and the City*, 46-63.

＊20　Black, *Social Reproduction and the City*, 55.

＊21　Ibid., 67.

＊22　エイヴリー・コーマン、小林宏明訳『クレイマー、クレイマー』（サンリオ、1980年）76頁。

＊23　Douglas Keay, "AIDS, Education, and the Year 2000: An Interview with Margaret Thatcher," *Woman's Own*, October 31, 1987.
＊24　Williams, "Melodrama Revised," 42.
＊25　Ibid., 58.
＊26　フーコー、前掲、282頁。
＊27　Nancy F. Cott, *The Bonds of Womanhood: "Woman's Sphere" in New England, 1780-1835*（New Haven: Yale UP, 1977).
＊28　新自由主義の時代においてケアする能力が新たな男性性の規範となっていることに関しては、河野真太郎『新しい声を聞くぼくたち』を参照。
＊29　Melinda Cooper, *Family Values: Between Neoliberalism and the New Social Conservatism*（New York: Zone Books, 2017).
＊30　リアリティTVにおけるメイクオーバーと新自由主義の関係については、以下の文献を参照。Tania Lewis, *Smart Living: Lifestyle Media and Popular Expertise*（New York: Peter Lang, 2008); Laurie Ouellette and James Hay, *Better Living through Reality TV: Television and Post-welfare Citizenship*（Malden, MA: Blackwell Publishing, 2008); Brenda R. Weber, *Makeover TV: Selfhood, Citizenship, and Celebrity*（Durham: Duke UP, 2009).
＊31　ブラウン、前掲、120頁。
＊32　渋谷望「コンヴィヴィアルな『男らしさ』と新自由主義」『福音と世界』2020年4月号、14頁。

【第五章】

＊1　「父親の育児」（おむつを替えるなど、物質的な意味での子どものケア）ではなく「父親であること」（精神的な意味での子どものケア）がテーマとなっている映画、たとえばアーノルド・シュワルツェネッガー主演の『ジングル・オール・ザ・ウェイ』（ブライアン・レヴァント、1996年）やロビン・ウィリアムズ主演の『フック』（スティーヴン・スピルバーグ、1991年）などは、このリストから除外した。
＊2　ジョン・マーサーとマーティン・シングラーは、メロドラマに関する入門書のなかで以下のように述べている。「道徳的卓越の啓示がアメリカの映画製作の核心にある反復的な特質であることを考えると、この戦略は、コメディを除くすべてのハリウッド映画をメロドラマ的なもの

とする」(傍点筆者)。この見解が示唆しているように、コメディとメロドラマの関係についてはさほど研究が進んでいない。ジョン・マーサー、マーティン・シングラー、中村秀之・河野真理江訳『メロドラマ映画を学ぶ　ジャンル・スタイル・感性』(フィルムアート社、2013年) 188頁。

＊3　この時代を代表するキャリア・ウーマンの「悪女」は、『危険な情事』(エイドリアン・ライン、1987年) で既婚男性 (マイケル・ダグラス) を誘惑し、家庭を崩壊させる独身女性 (グレン・クローズ) である。スーザン・ファルーディは『バックラッシュ』のなかで、製作サイドの事情も含めながらこの映画を分析し、1980年代のアメリカ社会におけるフェミニズムへの反動 (バックラッシュ) について考察している。スーザン・ファルーディ、伊藤由紀子・加藤真樹子訳『バックラッシュ　逆襲される女たち』(新潮社、1994年) 115-147頁を参照。

＊4　アーリー・ホックシールド、田中和子訳『セカンド・シフト　アメリカ 共働き革命のいま』(朝日新聞社、1990年)。

＊5　Jocelyn Elise Crowley, *Defiant Dads: Fathers' Rights Activists in America* (Ithaca: Cornell UP, 2008), 154-171.

＊6　きさらぎ尚「The Face '94 ロビン・ウィリアムズ」『キネマ旬報』1128号、1994年4月、40頁。

＊7　同前、41頁。また、映画が大ヒットした結果、ウィリアムズは製作会社の20世紀フォックスからボーナスとして1000万ドルを受け取っている。 Letter from Peter Chernin to Robin Williams, May 9, 1994, Box 13, Folder 6, Robin Williams Papers, Howard Gotlieb Archival Research Center, Boston University Libraries.

＊8　麻生香太郎「麻生香太郎の芸能みなと町―『ミセス・ダウト』」『週刊朝日』99.9 (1994年) 133頁。

＊9　小峯隆生「流行データベースCINEMA 小峯隆生の『体育会映画部』ランキング―中年男が最先端技術でババアに変身。『ミセス・ダウト』はトゲのあるコメディーだ」『DENiM』3.5 (1994年) 106頁。

＊10　文芸批評家のピーター・ブルックスは、メロドラマのレトリックにおいて「壮大な闘いから来る興奮」が「陳腐で平凡」な言葉によって表現される傾向があると述べている。ピーター・ブルックス、四方田犬彦・木村慧子訳『メロドラマ的想像力』(産業図書、2002年) 69頁。

＊11　原作の小説版『ミセス・ダウト』では、子どもたちはミセス・ダウトがはじめて家に来た瞬間に彼女が父親であることを理解する。そのた

め、ダニエルの「父親としての声」は小説版では抑圧されていない。全般的に、原作には映画版のようなメロドラマ的な要素は希薄である。アン・ファイン、岡本浜江訳『ミセス・ダウト』(講談社文庫、1994年)。

＊12 Andrew Rosenthal, "After the Riots: Quayle Says Riots Sprang from Lack of Family Values," *The New York Times*, May 20, 1992: A1.

＊13 Judith Stacey, *In the Name of the Family: Rethinking Family Values in the Postmodern Age* (Boston: Beacon Press, 1996), 56.

＊14 1995年には、デイヴィッド・ブランケンホーンの *Fatherless America* がベストセラーとなった。David Blankenhorn, *Fatherless America: Confronting Our Most Urgent Social Problem* (New York: Harper Perennial, 1996). ブランケンホーンやデイヴィッド・ポプノー、ウェイド・ホーンといった社会科学系の学者たちは、著書の出版や講演活動のみならずInstitute for American Valuesといった保守系シンクタンクにおいても精力的に活動し、家族には父親が必要であると主張した。ただし、これらの学者は子育てを積極的に行う父親を理想としていたわけではない。むしろ、彼らは男女の伝統的なジェンダー役割を復活させることを目標としていた。Stacey, *In the Name of the Family*, 52-82.

＊15 Letter from Bill Clinton to Robin Williams, April 13, 1995, Box 12, Folder 26, Robin Williams Papers, Howard Gotlieb Archival Research Center, Boston University Libraries.

＊16 ウィリアムズが映画のなかで演じた父親の役割に関しては、以下の分析を参照。Katie Barnett, "'Any Closer and You'd Be Mom': The Limits of Post-feminist Paternity in the Films of Robin Williams," eds. Elizabeth Abele and John A. Gronbeck-Tedesco, *Screening Images of American Masculinity in the Age of Postfeminism* (Lanham, Md: Lexington Books, 2015) 19-34.

＊17 Charles Murray, "The Coming White Underclass," *Wall Street Journal*, October 29, 1993, A14.

＊18 Ibid.

＊19 同様のテーマを扱った映画として、『フォーリング・ダウン』(ジョエル・シュマッカー、1993年)を挙げておきたい。この映画において、主人公であるD-FENS(マイケル・ダグラス)は育児に熱心なわけではない。けれども、白人中流階級の父親であるD-FENSが離婚して家庭

（ホーム）から追放されたうえに、仕事を失い「アンダークラス」に転落することを恐れているという点において『ミセス・ダウト』と『フォーリング・ダウン』の設定は似通っている。感傷的なエンディングが印象的であるこの映画をメロドラマ的な側面から分析した論考としては、たとえばEagle, *Imperial Affects*, 173-185を参照。

＊20　Tania Lewis, *Smart Living*, 68.

＊21　Richard Dyer, *White: Twentieth Anniversary Edition*（New York: Routledge, 2017）; Sally Robinson, *Marked Men: White Masculinity in Crisis*（New York: Columbia UP, 2000）.

＊22　Richard Dyer, "White," *Screen* 29.4（1988）, 48.

＊23　ジュディス・バトラー、佐藤嘉幸監訳『問題＝物質《マター》となる身体「セックス」の言説的境界について』（以文社、2021年）168頁。

＊24　Maya Phillips, "'Mrs. Doubtfire' Review: Nanny Doesn't Know Best," *The New York Times*, December 5, 2021.

＊25　リチャード・フロリダ、井口典夫訳『クリエイティブ資本論　新たな経済階級《クリエイティブ・クラス》の台頭』（ダイヤモンド社、2008年）。ジグムント・バウマン、伊藤茂訳『新しい貧困　労働、消費主義、ニュープア』（青土社、2008年）も参照。

＊26　Rhacel Salazar Parreñas, *Children of Global Migration: Transnational Families and Gendered Woes*（Stanford: Stanford UP, 2005）.

＊27　上野千鶴子『ケアの社会学』6頁。

【第六章】

＊1　Gayle Kaufman, *Superdads*.

＊2　近年のアメリカにおける格差の拡大に関しては、たとえば、パットナム、前掲を参照。

＊3　クリストファーを演じるジェイデン・スミスはウィル・スミスの実の息子である。このキャスティングは映画のプロモーションにおいてもたびたび強調され、「良い父親」としての黒人男性というイメージの形成に一役買うこととなった。

＊4　Linda Seidel, *Mediated Maternity: Contemporary American Portrayals of Bad Mothers in Literature and Popular Culture*（Lanham: Lexington Books, 2013）, xi-xii.

＊5　映画の原作となったクリス・ガードナーの自伝によれば、インターンとして働いていた間、クリスは1000ドルの月給を受け取っていた。よりドラマチックな――リアリティ TV に近い――設定は、映画版の脚色によるものである。クリス・ガードナー、楡井浩一訳『幸せのちから』（アスペクト、2006年）286頁。

＊6　『アプレンティス』の人気に関しては、渡辺将人『メディアが動かすアメリカ　民主政治とジャーナリズム』（ちくま新書、2020年）174-185頁を参照。

＊7　マイケル・サンデル、鬼澤忍訳『実力も運のうち　能力主義は正義か？』（早川書房、2021年）118頁。

＊8　オバマの次にこの表現を多く使ったのはレーガンで計15回。それに続くのがクリントンの14回で、他の大統領が同様の表現を使ったのは3回以下である。同前、366頁。

＊9　同前、89-166頁。

＊10　垣井道弘「『幸せのちから』からもらう元気のチカラ！」『SCREEN』62.4（2007年）47頁、「『目キキ』＆『耳キキ』MOVIE PREVIEW　幸せのちから」『週刊朝日』112.4（2007年）56頁。

＊11　Barack Obama, "Father's Day Speech," Apostolic Church of God in Chicago, June 15, 2008. 以下の動画を参照。Barack Obama's Speech on Father's Day - YouTube

＊12　Demographic trends and economic well-being | Pew Research Center

＊13　黒人の大量収監の問題に関しては、Netflix で公開されているエヴァ・デュヴァネイのドキュメンタリー映画 *The 13th* が良い入門となる。

＊14　Black iprisonment rate in the U.S. has fallen by a third since 2006 | Pew Research Center

＊15　Michelle Alexander, *The New Jim Crow: Mass Incarceration in the Age of Colorblindness, Tenth Anniversary Edition* (New York: New Press, 2020), 222.

＊16　Ibid., 221-225.

＊17　黒人男性の大量収監が彼らの子どもたちにどのような影響を与えるのかに関しては、ジョルジャ・リープ、宮﨑真紀訳『プロジェクト・ファザーフッド　アメリカで最も凶悪な街で「父」になること』（晶文社、2021年）が参考になる。

＊18　タナハシ・コーツ、池田年穂訳『世界と僕のあいだに』（慶應義塾大学出版会、2017年）12頁。

＊19　同前、99頁。

＊20　南川文里『未完の多文化主義　アメリカにおける人種、国家、多様性』（東京大学出版会、2021年）278頁。

＊21　ガードナー、前掲、393頁。

＊22　同前、119頁。

＊23　Sam Binkley, “Happiness, Positive Psychology and the Program of Neoliberal Governmentality,” *Subjectivity*, 4.4（2011）, 374.

【第七章】

＊1　渥美由喜『イクメンで行こう！　育児も仕事も充実させる生き方』（日本経済新聞出版社、2010年）37-38頁。

＊2　同前、NPO法人ファザーリング・ジャパン『新しいパパの教科書』（学研教育出版、2013年）、浜屋祐子・中原淳『育児は仕事の役に立つ「ワンオペ育児」から「チーム育児」へ』（光文社新書、2017年）、中山和義『父親業！　「仕事か、家庭か」で悩まないビジネスマンのルール』（きずな出版、2013年）。

＊3　渥美、前掲、3頁。

＊4　浜屋・中原、前掲。小室淑恵・天野妙『男性の育休　家族・企業・経済はこう変わる』（PHP新書、2020年）。

＊5　浜屋・中原、前掲、13-14頁。メアリー・C・ブリントン『縛られる日本人』においても同様に、調査対象は比較的高学歴の人々に限定されている。ブリントン、前掲、26頁。

＊6　渥美、前掲、15頁。

＊7　『FQ JAPAN』媒体資料。

＊8　渥美、前掲、38頁。

＊9　渥美、前掲、40頁。

＊10　これらの本には「ビジネススキルとしての育児」という枠組みに収まらない主張も散見する。『イクメンで行こう！』では渥美がライフワークとして続けている「青空子ども会」（地域ボランティア活動）が紹介されており、そこから垣間見える子どもの格差問題には説得力がある。『育児は仕事の役に立つ』では、「チーム育児」の重要性が力説されており、育児が家庭内で完結するものではないことが明記されている。『男

性の育休』では、男性個人の「意識改革」だけでなく、制度改定によって企業の文化を構造的に変えなければ問題は解決しないということが、厚労省が立ち上げた「イクメンプロジェクト」の委員を務めてきた筆者（小室淑恵）の経験談を交えて丁寧に説明されている。

＊11　NPO法人ファザーリング・ジャパン、前掲、140-141頁。

＊12　たじりの育児時間ストの詳細については、たじりけんじ、『父さんは自転車にのって　男の育児時間ストてんまつ記』（ユック舎、1990年）を参照。

＊13　『朝日新聞』朝刊、1990年5月19日。

＊14　『日本経済新聞』夕刊、1994年2月21日。

＊15　男も女も育児時間を！連絡会編『男と女で［半分こ］イズム　主夫でもなく、主婦でもなく』（学陽書房、1989年）194頁。

＊16　同前、24頁。たじりはインタビューの中で同様の主張を繰り返している。男も女も育児時間を！連絡会編『育児で会社を休むような男たち』（ユック舎、1995年）26-27頁。

＊17　あるイベントで育時連が上演した演劇のタイトルは、「愛のゆくえ―SAY YES！　出世を捨ててオムツを洗おう」。この演劇は、たじりの経験がベースになっている。『読売新聞』朝刊、1994年5月26日。

＊18　男も女も育児時間を！連絡会編『男と女で［半分こ］イズム』146頁。

＊19　上野千鶴子「育児と仕事を両立する男は半世紀前からいた」2021年4月12日。https://doors.nikkei.com/atcl/column/19/033000238/040500001/?P=3

＊20　日本における労働組合と新自由主義の関係については、以下の文献が参考になる。渋谷望『ミドルクラスを問いなおす　格差社会の盲点』（日本放送出版協会、2010年）24-53頁。

＊21　上野千鶴子『女たちのサバイバル作戦』、ナンシー・フレイザー「フェミニズムはどうして資本主義の侍女となってしまったのか―そしてどのように再生できるか」『早稲田文学』2019年冬号、15-18頁。

＊22　Catherine Rottenberg, *The Rise of Neoliberal Feminism* (New York: Oxford University Press, 2018), 13.

＊23　シェリル・サンドバーグ、村井章子訳『リーン・イン　女性、仕事、リーダーへの意欲』（日本経済新聞出版社、2013年）12頁。

＊24　同前、16頁。

＊25　同前、145頁。

＊26　上野千鶴子『女の子はどう生きるか　教えて、上野先生！』（岩波ジュニア新書、2021年）207頁。

＊27　Rottenberg, *The Rise of Neoliberal Feminism*, 103-104.

＊28　渋谷望「コンヴィヴィアルな『男らしさ』と新自由主義」14頁。

＊29　吉川徹『日本の分断　切り離される非大卒若者たち』（光文社新書、2018年）195頁。また、山田昌弘は繰り返し、日本の少子化対策が高学歴の男女を対象としてきたことを批判している。山田昌弘『日本の少子化対策はなぜ失敗したのか？　結婚・出産が回避される本当の原因』（光文社新書、2020年）38-39頁、『結婚不要社会』（朝日新書、2019年）29-30頁。

＊30　吉川、前掲、194-195頁。

＊31　周燕飛『貧困専業主婦』（新潮選書、2019年）144頁。

＊32　橋本健二『アンダークラス　新たな下層階級の出現』（ちくま新書、2018年）76頁。

＊33　阿部彩『子どもの貧困　日本の不公平を考える』（岩波新書、2008年）74-75頁。

【第八章】

＊1　ファビエンヌ・ブルジェール、原山哲・山下りえ子訳『ケアの倫理　ネオリベラリズムへの反論』（白水社、2014年）14頁。

＊2　同前、16頁。

＊3　ウルリヒ・ベック、東廉・伊藤美登里訳『危険社会　新しい近代への道』（法政大学出版局、1998年）。

＊4　レイモンド・カーヴァー、村上春樹訳『大聖堂』（中央公論新社、2007年）291頁。

＊5　カーヴァーの小説においては、父親が子どもや老人をケアすることは珍しいことではない。父親の育児を主題とした短編小説としては、『ビギナーズ』所収の「隔たり」が挙げられる。また、カーヴァーは『ファイアズ（炎）』における表題作のエッセイで、自身の育児や家事の経験を、それが彼の作家としてのキャリアにどのような影響を与えたかという観点から振り返っている。

＊6　エヴァ・フェダー・キテイ、岡野八代・牟田和恵編著訳『ケアの倫理からはじめる正義論　支えあう平等』（白澤社、2011年）56頁。

＊7　カーヴァー『大聖堂』330頁。
＊8　ここで「お母さん」とは比喩的な意味で使われており、必ずしも生物学的な意味での母親を意味するものではない。牟田和恵が述べているように、「ここで言う『母』とは、現実の母親だけを意味するのではないし、一人の人だけを指しているのでもない。母親や父親、親にかわって、あるいは親をサポートして育ててくれる人々、それらが全部『お母さん』」なのである。キテイ『ケアの倫理からはじめる正義論』162頁。
＊9　キテイ『愛の労働あるいは依存とケアの正義論』4頁。
＊10　東畑開人『居るのはつらいよ　ケアとセラピーについての覚書』（医学書院、2019年）103頁。
＊11　同前、104頁。
＊12　同前、105頁。
＊13　カーヴァー『大聖堂』326頁。
＊14　キテイ『愛の労働あるいは依存とケアの正義論』244頁。
＊15　『ケアの社会学』において、上野千鶴子は介護労働の担い手を国家、市場、市民社会、家族（官／民／協／私）の四つに分類している。この分類によれば、この短編において描かれているのは「市場」レベルでのケアであり、次に分析する『なずな』において提示されているのは「市民社会」レベルでのケアであるということになる。
＊16　河野真太郎、前掲、321頁。
＊17　堀江敏幸『なずな』（集英社文庫、2014年）44-45頁。
＊18　同前、180頁。
＊19　同前、206頁。
＊20　小川公代『ケアの倫理とエンパワメント』（講談社、2021年）144頁。
＊21　堀江、前掲、171頁。
＊22　同前、277頁。
＊23　同前、264-267頁。
＊24　同前、266頁。
＊25　同前、266頁。
＊26　同前、267頁。
＊27　ケア・コレクティヴ、岡野八代・冨岡薫・武田宏子訳『ケア宣言　相互依存の政治へ』（大月書店、2021年）83頁。
＊28　堀江、前掲、20頁。
＊29　同前、57頁。

＊30　同前、76頁。
＊31　同前、374頁。

【おわりに】

＊1　江原由美子「フェミニストの私は『男の生きづらさ』問題をどう考えるか」2019年8月24日。https://gendai.media/articles/-/66706?imp=0 男性の「生きづらさ」を主な研究対象とする男性学の問題点を丁寧に検証した論考としては、以下の書籍が重要である。平山亮『介護する息子たち　男性性の死角とケアのジェンダー分析』（勁草書房、2017年）217-256頁。また、澁谷知美「ここが信用できない日本の男性学—平山亮『介護する息子たち』の問題提起を受けて」『国際ジェンダー学会誌』17（2019年）29-46頁も参照。

＊2　厚生労働省、令和3年度雇用均等基本調査。

（URLは2023年3月15日閲覧）

関口洋平（せきぐち ようへい）

一九八〇年生まれ。フェリス女学院大学文学部英語英米文学科助教。東京大学大学院人文社会研究科にて修士号、ハワイ大学マノア校アメリカ研究科にて博士号を取得。東京都立大学人文社会学部英語圏文化論教室助教を経て現職。二〇一八年、アメリカ学会斎藤眞賞受賞。専門はアメリカ研究。特に、アメリカ文化における家族の表象について研究している。

「イクメン」を疑《うたが》え！

集英社新書一一六一B

二〇二三年四月二二日　第一刷発行

著者……関《せき》口《ぐち》洋《よう》平《へい》
発行者……樋口尚也
発行所……株式会社集英社
東京都千代田区一ツ橋二-五-一〇　郵便番号一〇一-八〇五〇
電話　〇三-三二三〇-六三九一（編集部）
〇三-三二三〇-六〇八〇（読者係）
〇三-三二三〇-六三九三（販売部）書店専用

装幀……原　研哉
印刷所……凸版印刷株式会社
製本所……加藤製本株式会社

定価はカバーに表示してあります。

ISBN 978-4-08-721261-7 C0230

Printed in Japan

集英社新書　好評既刊

社会――B

世界のタブー　阿門 禮
明治維新150年を考える ――「本と新聞の大学」講義録　一色 清／姜尚中 ほか
「富士そば」は、なぜアルバイトにボーナスを出すのか　丹 道夫
男と女の理不尽な愉しみ　林 真理子／壇 蜜
欲望する「ことば」「社会記号」とマーケティング　嶋 浩一郎／松井 剛
ぼくたちはこの国をこんなふうに愛することに決めた　高橋源一郎
ペンの力　浅田 次郎／吉岡 忍
「東北のハワイ」は、なぜV字回復したのか スパリゾートハワイアンズの奇跡　清水 一利
村の酒屋を復活させる 田沢ワイン村の挑戦　玉村 豊男
デジタル・ポピュリズム 操作される世論と民主主義　福田 直子
戦後と災後の間――溶融するメディアと社会　吉見 俊哉
「定年後」はお寺が居場所　星野 哲
ルポ 漂流する民主主義　真鍋 弘樹
ルポ ひきこもり未満　池上 正樹
中国人のこころ 「ことば」からみる思考と感覚　小野 秀樹
わかりやすさの罠 池上流「知る力」の鍛え方　池上 彰
メディアは誰のものか ――「本と新聞の大学」講義録　一色 清／姜尚中 ほか
京大的アホがなぜ必要か　酒井 敏
天井のない監獄 ガザの声を聴け！　清田 明宏
限界のタワーマンション　榊 淳司
日本人は「やめる練習」がたりてない　野本 響子
俺たちはどう生きるか　大竹まこと
「他者」の起源 ノーベル賞作家のハーバード連続講演録　トニ・モリスン
言い訳 関東芸人はなぜM-1で勝てないのか　ナイツ 塙 宣之
自己検証・危険地報道　安田純平 ほか
都市は文化《アート》でよみがえる　大林 剛郎
「言葉」が暴走する時代の処世術　太田 光／山極 寿一
性風俗シングルマザー　坂爪 真吾
美意識の値段　山口 桂
ストライキ2.0 ブラック企業と闘う武器　今野 晴貴
香港デモ戦記　小川 善照
ことばの危機 大学入試改革・教育政策を問う　東京大学文学部広報委員会・編
国家と移民 外国人労働者と日本の未来　鳥井 一平

a pilot of wisdom

LGBTとハラスメント　神谷悠一／松岡宗嗣
変われ！ 東京 自由で、ゆるくて、閉じない都市　隈研吾／清野由美
東京裏返し 社会学的街歩きガイド　吉見俊哉
人に寄り添う防災　片田敏孝
プロパガンダ戦争 分断される世界とメディア　内藤正典
イミダス 現代の視点2021　イミダス編集部・編
中国法「依法治国」の公法と私法　小口彦太
福島が沈黙した日 原発事故と甲状腺被ばく　榊原崇仁
女性差別はどう作られてきたか　中村敏子
原子力の精神史――〈核〉と日本の現在地　山本昭宏
ヘイトスピーチと対抗報道　角南圭祐
世界の凋落を見つめて クロニクル2011–2020　四方田犬彦
「自由」の危機 ――息苦しさの正体　藤原辰史／内田樹ほか
「非モテ」からはじめる男性学　西井開
妊娠・出産をめぐるスピリチュアリティ　橋迫瑞穂
マジョリティ男性にとってまっとうさとは何か　杉田俊介
書物と貨幣の五千年史　永田希

インド残酷物語 世界一たくましい民　池亀彩
シンプル思考　里崎智也
韓国カルチャー 隣人の素顔と現在　伊東順子
「それから」の大阪　スズキナオ
ドンキにはなぜペンギンがいるのか　谷頭和希
何が記者を殺すのか 大阪発ドキュメンタリーの現場から　斉加尚代
フィンランド 幸せのメソッド　堀内都喜子
私たちが声を上げるとき アメリカを変えた10の問い　和泉真澄／坂下史子ほか
「黒い雨」訴訟　小山美砂
差別は思いやりでは解決しない　神谷悠一
ファスト教養 10分で答えが欲しい人たち　レジー
非科学主義信仰 揺れるアメリカ社会の現場から　及川順
おどろきのウクライナ　橋爪大三郎／大澤真幸
対論 1968　笠井潔／絓秀実
武器としての国際人権　藤田早苗
小山田圭吾の「いじめ」はいかにつくられたか　片岡大右
クラシックカー屋一代記　涌井清春／金子浩久構成

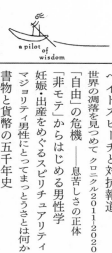

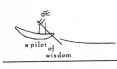

集英社新書　好評既刊

ゲームが教える世界の論点
藤田直哉　1149-F

社会問題の解決策を示すようになったゲーム。大人気作品の読解から、理想的な社会のあり方を提示する。

日本酒外交　酒サムライ外交官、世界を行く
門司健次郎　1150-A

外交官だった著者は赴任先で、日本酒を外交の場で活用する。そこで見出した大きな可能性とは。

シャンソンと日本人
生明俊雄　1151-F

シャンソンの百年にわたる歴史と変遷、躍動するアーティストたちの逸話を通して日本人の音楽観に迫る。

小山田圭吾の「いじめ」はいかにつくられたか　現代の災い「インフォデミック」を考える
片岡大右　1152-B

小山田圭吾の「いじめ」事件を通して、今の情報流通様式が招く深刻な「インフォデミック」を考察する。

日本の電機産業はなぜ凋落したのか　体験的考察から見えた五つの大罪
桂　幹　1153-A

世界一の強さを誇った日本の電機産業の凋落の原因を、最盛期と凋落期を現場で見てきた著者が解き明かす。

永遠の映画大国　イタリア名画120年史
古賀　太　1154-F

日本でも絶大な人気を誇るイタリア映画の歴史や文化を通覧することで、豊かな文化的土壌を明らかにする。

江戸の芸者　近代女優の原像
赤坂治績　1155-F

陰影に富んだ世界があったが、歴史教科書には見当たらない江戸の女性芸能。本書はその成立と盛衰に迫る。

反戦川柳人　鶴彬の獄死
佐高　信　1156-F

反骨の評論家が、反戦を訴え二十九歳で獄死した川柳人・鶴彬の生きた時代とその短い生涯、精神を追う。

日本のカルトと自民党　政教分離を問い直す
橋爪大三郎　1157-C

宗教社会学の第一人者がカルト宗教の危険性を説き、民主主義と宗教のあるべき関係を明快に解説する。

クラシックカー屋一代記
涌井清春　構成・金子浩久　1158-B

コレクターで販売も行う著者が、自動車の歴史、文化・機械遺産としてのクラシックカーの存在意義等を語る。